新时代马克思主义经典文献精学导读丛书
主编/顾海良

《中国革命战争的战略问题》精学导读

何怀远◎著

科学出版社
北京

内 容 简 介

《中国革命战争的战略问题》是毛泽东为中国阶级革命战争而撰写的军事专论。本书对这部经典著作的写作背景、理论内涵、思想精粹、重大贡献和时代意义做出阐释和导读。

本书适合马克思主义理论工作者、党员干部、军事爱好者，以及对毛泽东著作及其思想感兴趣的读者阅读。

图书在版编目(CIP)数据

《中国革命战争的战略问题》精学导读 / 何怀远著. -- 北京：科学出版社, 2025.7. -- (新时代马克思主义经典文献精学导读丛书 / 顾海良主编). -- ISBN 978-7-03-082432-5

Ⅰ. A841.65

中国国家版本馆 CIP 数据核字第 2025QG9332 号

责任编辑：刘英红　乔艳茹 / 责任校对：贾伟娟
责任印制：师艳茹 / 封面设计：润一文化

科学出版社 出版
北京东黄城根北街 16 号
邮政编码：100717
http://www.sciencep.com
天津市新科印刷有限公司印刷
科学出版社发行　各地新华书店经销
*
2025 年 7 月第 一 版　开本：720×1000　1/16
2025 年 7 月第一次印刷　印张：14 3/4
字数：158 000
定价：58.00 元
（如有印装质量问题，我社负责调换）

丛书编委会

主编： 顾海良

成员：（以姓氏拼音字母为序）

艾四林　陈锡喜　丰子义　李佑新　刘　军

佘双好　孙蚌珠　孙代尧　孙来斌　孙熙国

王　东　王公龙　王宏波　王树荫　肖贵清

徐俊忠　张雷声

总　　序

"新时代马克思主义经典文献精学导读"是根据新时代学习马克思主义经典著作的需要，对各主要的经典著作所蕴含的马克思主义基本原理及其精神实质作出学习和研究性导读。

马克思主义基本原理是马克思主义的理论精粹，体现了马克思主义的根本性质和整体特征，体现了马克思主义立场观点方法的核心要义，体现了马克思主义科学性、人民性、实践性和时代性的思想特征。习近平总书记指出："掌握马克思主义，最重要的是掌握它的精神实质，运用它的立场、观点、方法和基本原理分析解决实际问题。"①在坚持和发展中国特色社会主义中，我们说"老祖宗"不能丢，在根本上就是马克思主义基本原理不能丢。

马克思主义基本原理深刻地蕴含于马克思主义经典著作之中；马克思主义经典著作是马克思主义基本原理的思想本源和理论基础。同时，马克思主义经典著作也蕴藏着马克思主义经典作家汲取人类探索真理的丰富的思想成果，深刻展现了马克

---

① 习近平：《中国共产党 90 年来指导思想和基本理论的与时俱进及历史启示》，《学习时报》2011 年 6 月 27 日。

思主义经典作家攀登科学高峰、矢志追求真理的精神境界。深入研读马克思主义经典著作是理解和掌握马克思主义基本原理的必修课，也是理解和掌握马克思主义理论体系的基本功。如习近平总书记所指出的："共产党人要把读马克思主义经典、悟马克思主义原理当作一种生活习惯、当作一种精神追求，用经典涵养正气、淬炼思想、升华境界、指导实践。"①

"马克思主义就是我们共产党人的'真经'，'真经'没念好，总想着'西天取经'，就要贻误大事！"②在提到学习《共产党宣言》的重要意义时，习近平总书记提出："广大党员、干部特别是高级干部要学好用好《共产党宣言》等马克思主义经典著作，坚持学以致用、用以促学，原原本本学、熟读精思、学深悟透，熟练掌握马克思主义立场、观点、方法，不断提高马克思主义理论素养。"③理论联系实际，在深化马克思主义经典著作研究阐释中，"推进经典著作宣传普及，让理论为亿万人民所了解所接受，画出最大的思想同心圆"④。

"新时代马克思主义经典文献精学导读"对各经典著作的研究阐释，由北京大学、中国人民大学、北京师范大学等高校马克思主义学院从事马克思主义经典著作教学和研究的学者担

---

① 《十九大以来重要文献选编》上，中央文献出版社2019年版，第434页。
② 《习近平关于全面从严治党论述摘编》，中央文献出版社2016年版，第66页。
③ 习近平：《中国共产党是〈共产党宣言〉精神忠实传人》，《人民日报》2018年4月25日。
④ 习近平：《深刻感悟和把握马克思主义真理力量 谱写新时代中国特色社会主义新篇章》，《人民日报》2018年4月25日。

纲。在对各经典著作的研究阐释中，首先力求对各经典著作形成的社会和历史条件作出准确解读，凸显相应的马克思主义基本原理形成和发展的思想基础和理论背景；其次力求对各经典著作理论内涵和精神实质作出系统导读，彰显新时代学习和实践相应的马克思主义基本原理的理论意义和现实意义；最后力求对经典著作中体现的科学原理和科学精神相结合的思想特征作出全面论述，更为深刻地理解"历史和人民选择马克思主义是完全正确的，中国共产党把马克思主义写在自己的旗帜上是完全正确的，坚持马克思主义基本原理同中国具体实际相结合、不断推进马克思主义中国化时代化是完全正确的"[1]。

"要以科学的态度对待科学，以真理的精神追求真理，不断赋予马克思主义以新的时代内涵。"[2]习近平新时代中国特色社会主义思想就是当代中国马克思主义，就是 21 世纪马克思主义。学习马克思主义经典著作，要同学习习近平新时代中国特色社会主义思想结合起来。在这一结合中，更为深刻地理解习近平新时代中国特色社会主义思想，更有定力、更有信心，也更加自觉、更加自信地坚持和发展新时代中国特色社会主义，确保中华民族伟大复兴的巨轮始终沿着正确航向破浪前行。

顾海良

2019 年 11 月 1 日

---

[1]《十九大以来重要文献选编》上，中央文献出版社 2019 年版，第 427—428 页。
[2] 习近平：《深刻感悟和把握马克思主义真理力量 谱写新时代中国特色社会主义新篇章》，《人民日报》2018 年 4 月 25 日。

目 录

第一章 鲜血浇灌出的武装斗争真理 ……………………… 1
  一、从中华民族苦难中诞生的中国共产党……………… 2
  二、第一次国共合作中的教条主义……………………… 8
  三、"枪杆子里面出政权"………………………………… 16
  四、党的早期武装斗争及其经验教训…………………… 20
  五、五次反"围剿"军事指导的经验与教训…………… 29

第二章 马克思主义军事路线的系统论证 ………………… 35
  一、第二次国内革命战争中军事路线的大争论………… 37
  二、《中国革命战争的战略问题》对党的
      军事路线的系统阐发………………………………… 43
  三、《中国革命战争的战略问题》的文本结构………… 48
  四、《中国革命战争的战略问题》的理论特点………… 53
  五、学习《中国革命战争的战略问题》的建议………… 59

第三章 自觉担当起党对中国革命战争的领导责任 ……… 61
  一、中国革命战争的主要敌人…………………………… 62
  二、历史和人民选择了中国共产党……………………… 63
  三、以正义战争反对非正义战争………………………… 68
  四、革命战争的目的是消灭一切战争…………………… 70

第四章　研究掌握战争大海中的游泳术 ·················· 73
　　一、研究战争的本质及其规律 ·························· 73
　　二、把握战争全局的指导规律 ·························· 82
　　三、提高战争的主观指导能力 ·························· 88

第五章　牢牢把握中国革命战争的特点 ···················· 91
　　一、必须反对军事指导上的教条主义 ···················· 91
　　二、中国革命战争的主要特点 ·························· 95
　　三、中国革命战争的根本规律 ·························· 100
　　四、中国革命战争的指导路线及其战略战术原则 ······· 103

第六章　制定中国革命战争的正确军事路线 ············· 108
　　一、内线作战中的外线作战 ··························· 109
　　二、战略防御与战略进攻 ····························· 118
　　三、战略退却与战略反攻 ····························· 124
　　四、集中绝对优势兵力各个歼灭敌人 ················· 129
　　五、基本的运动战和特殊情形下的阵地战 ············· 137
　　六、战略的持久战和战役战斗的速决战 ··············· 144

第七章　《中国革命战争的战略问题》的理论贡献 ········· 149
　　一、人类军事思想史上独一无二的以弱胜强的
　　　　战争指导论 ····································· 150
　　二、人类军事学术史上的超常军事智慧 ··············· 159
　　三、指导打赢三类战争的军事科学 ··················· 176

第八章　中国革命战争战略思想的现实意义 ············· 202
　　一、中国革命战争理论的正义战争论，仍然是
　　　　我们决定军事立场的理论根据 ··················· 202

目 录

二、中国革命战争理论以弱胜强的战略战术，
　　仍然是我们战胜强大敌人的斗争艺术 …………… 211
三、中国革命战争理论的人民战争思想，仍然是
　　我们克服一切困难的力量源泉 …………………… 215

第一章　鲜血浇灌出的武装斗争真理

　　中国共产党的创始人和早期领导人都是温文尔雅、心系苍生的书生。13位党的一大代表中，有12人受过高等教育，1名是中学学历（邓恩铭），其中有9人获得国外学历或有留学经历，在那个文盲占90%的时代，他们都可谓是"秀才"。党的两位主要创始人，陈独秀曾任北京大学文科学长、教授，李大钊曾任北京大学图书馆主任、教授。党的早期领导人瞿秋白曾任上海大学教务长兼社会学系主任、教授。毛泽东毕业于湖南省立第一师范学校，他本来的职业规划是当教师或记者，他自己说过，"像我这样的一个人，从前并不会打仗，甚至连想也没有想到过要打仗，可是帝国主义的走狗强迫我拿起武器"[1]。就全党而言，毛泽东曾经说过，从1921年到1924年的三四年中，中国共产党"不懂得直接准备战争和组织军队的重要性"；从1924年至1927年，乃至在其后的一段时间，"对此也还认识不足"。[2]中国共产党走上武装反抗国民党的暴力

---

[1]《建国以来毛泽东军事文稿》下卷，军事科学出版社、中央文献出版社2010年版，第298页。

[2]《毛泽东选集》第2卷，人民出版社1991年版，第547页。

革命道路，完全是被国民党右派叛变革命"逼上梁山"的。1927年"革命失败，得了惨痛的教训，于是有了南昌起义、秋收起义和广州起义，进入了创造红军的新时期"①。

一、从中华民族苦难中诞生的中国共产党

中国是世界文明古国，有五千年的文明史。自公元前221年秦始皇建立了统一的多民族国家后，两千多年来，中华民族共同体与中国优秀文化相互作用，生生不息，绵延至今。汉武帝时代，张骞出使西域，开通连接中国与中亚、西南亚、印度北部的陆上丝绸之路。到了唐代，中国又开通了海上丝绸之路，由中国港口，经南海到马六甲海峡进入印度洋，抵达波斯湾和阿拉伯半岛，直到非洲东北部。到了明代，郑和率领庞大船队七下西洋，航迹遍及东南亚和印度洋地区各国，到达阿拉伯半岛和非洲东北部，把中华文明传播到这些地区。德国哲学家黑格尔曾经对自己的同胞说过，当中国人学会识字著书的时候，我们的祖先还在森林中奔跑。

然而，1840年，在工业革命中变得强大的英国，为了鸦片贸易在中国的自由化、合法化，派遣"东方远征军"，对中国发动第一次鸦片战争。中国战败，英国逼迫清政府签订了中国近代史上第一个丧权辱国的不平等条约——《南京条约》，

---

① 《毛泽东选集》第2卷，人民出版社1991年版，第548页。

第一章　鲜血浇灌出的武装斗争真理

派出舰队来华保护本国侨民利益的美国、法国也争得与英国的"同等待遇",1844 年中美签订了《望厦条约》(又称《中美五口通商章程》)、中法签订了《黄埔条约》。此役让几乎所有帝国主义强国都看到了中国的地大物博和军事软弱,它们如狼似虎般入侵中国,而腐朽的清王朝毫无招架之功,几乎每战必败。第二次鸦片战争中国战败,1858 年中英签订《天津条约》。就在第二次鸦片战争英军步步紧逼时,北方的沙俄趁机侵入我国黑龙江地区,逼迫清政府于 1858 年签订了中俄《瑷珲条约》。1860 年,清政府又分别与英国、法国、俄国签订了《北京条约》。中日甲午战争中国战败后,于 1895 年中日签订了《马关条约》。八国联军侵华战争中国战败后,清政府与英、美、俄、法、德、意、日、奥、比、西、荷十一国签订《辛丑条约》(亦称《辛丑各国和约》《北京议定书》《中国与十一国关于赔偿 1900 年动乱的最后协定》)。据统计,鸦片战争之后,中国被迫签订了上千个不平等条约,通过这些不平等条约,外国在中国获得了驻军权、内河航行权、领事裁判权、自由传教权、海关管理权、设立租界权等特权;向中国勒索了巨额战争赔款,仅《马关条约》,日本就向中国勒索了 2.315 亿两白银,相当于当时清政府近 3 年的财政收入,相当于日本年财政收入的 4 倍以上。[1]1900 年的《辛丑条约》,入侵中国的 11 国要求中国赔款 4.5 亿两白银,以各国货币汇率结算,年息

---

[1]《中国抗日战争史》,人民出版社 2011 年版,第 21 页。

四厘，分39年还清，本息共计近10亿两白银。沉重的战争赔款极大地加重了百姓的税赋，加剧了中国人民对外国侵略者的痛恨。更为痛心的是：英国割得了香港，葡萄牙强占了澳门，德国强租了山东的胶州湾，日本侵占了台湾，沙俄掠夺了中国东北、西北约150万平方公里的国土，还有各国划定的27处租界，形成"国中之国"，统一的中国被外国侵略者撕扯得支离破碎。"国家蒙辱、人民蒙难、文明蒙尘，中华民族遭受了前所未有的劫难。"[1]帝国主义对中国的控制和掠夺，使清政府已完全成为帝国主义统治中国的工具，中国这个历史悠久的文明古国完全沦为半殖民地半封建社会。

中国在鸦片战争中战败，说起来有些不可思议。英国的所谓"东方远征军"，战争之初总兵力不过7000余人，其中海军16艘战舰，其他运输船27艘，海军官兵3000余人，陆军加上用于陆战的水兵约4000人，用兵最多时海陆军总共也只有约20000人[2]，而且远离本土，没有后方，难以补给，并且语言不通，地形陌生。虽然中国军队在武器装备上与英军存在较大差距，但也只是热兵器初始时代的级差而已，根本够不上代差，而当时清军拥有约80万兵力（其中八旗兵约20万，绿营兵约60万），是当时世界上兵力数量最多的常备军。战争初

---

[1]《中共中央关于党的百年奋斗重大成就和历史经验的决议》，人民出版社2021年版，第3页。

[2] 茅海建：《近代的尺度——两次鸦片战争军事与外交》（增订本），生活·读书·新知三联书店2018年版，第52页。

第一章　鲜血浇灌出的武装斗争真理

期驻守在交战区的广东、福建、浙江、江苏四省的总兵力约 22 万人，加上后来从外省调来的援兵，清军总共投入兵力 258 000 人。[①]当时中国人口占世界总人口的三分之一，GDP 占世界总量的五分之一，陆海兼通，幅员辽阔，几乎具有无限的战略回旋空间和无尽的战争耐持力，而且在本土作战，如果具有起码的军事谋略、政治动员力和外交智慧，怎么也不至于败给一个远在天涯的"蕞尔岛夷"。

列强们对中国发动的战争都是十足的非正义战争。曾担任过英国殖民大臣、四次出任首相的威廉·尤尔特·格莱斯顿，谈到英国发动的第一次鸦片战争时也承认，英国历史上，从未有过如此目的不正义、永远玷污英国名声的战争。然而，中国却在反抗侵略的正义战争中战败了，而且一败涂地。面对英国殖民者的无耻与中国清政府的陈腐，马克思曾经痛心疾首地哀中国之不幸，怒清政府之封闭自大和腐败无能，他写道："一个人口几乎占人类三分之一的大帝国，不顾时势，安于现状，人为地隔绝于世并因此竭力以天朝尽善尽美的幻想自欺。这样一个帝国注定最后要在一场殊死的决斗中被打垮：在这场决斗中，陈腐世界的代表是激于道义，而最现代的社会的代表却是为了获得贱买贵卖的特权——这真是任何诗人想也不敢想的一种奇异的对联式悲歌。"[②]

[①] 茅海建：《近代的尺度——两次鸦片战争军事与外交》（增订本），生活·读书·新知三联书店 2018 年版，第 55 页。
[②]《马克思恩格斯文集》第 2 卷，人民出版社 2009 年版，第 632 页。

清政府依靠割地赔款、牺牲主权、不恤民生而苟且偷安，让中国的仁人志士为之震惊，激发起中国人民不屈不挠的救亡运动。以太平天国运动为代表的农民起义，描绘了"有田同耕，有饭同食，有衣同穿，有钱同使，无处不均匀，无人不保暖"的理想社会，极大地调动起农民渴望土地和平等的革命热情，但是，由于没有科学理论指导，无法超越小生产者固有的阶级局限，农民起义成了封建社会改朝换代的工具。统治阶级内部，也不满外国侵略者的奴役和压榨，也想在不触动封建统治基础的条件下革新图强。曾国藩、李鸿章、左宗棠等封疆重臣，深知洋人坚船利炮的威力，在镇压太平天国农民起义运动中初步尝到先进武器装备的甜头，开始大张旗鼓地搞洋务运动。他们本着"中学为体，西学为用"的理念，引进外国先进技术，建工厂、开矿山、修铁路、废科举、兴学校、办译馆、开报馆等，制造轮船、军舰、枪炮和机械，形成了一批大型近代化工业生产基地，中国的远洋船务还发展到国外，打破了外国航运的垄断局面，尤其是军力的提高，使得平定边疆、维护国家领地事业出现新局面，同时培养了一批通晓外语、眼界开阔的人才。他们通过举办新式教育打开了一些封建士大夫的眼界，促进了近代维新思想的产生。可是，数十年的苦心经营，一场中日甲午战争，中国再次战败，宣告了洋务运动的破产。洋务运动的失败表明，在不触动封建制度的条件下引进外国的先进技术、管理经验和思想体系的"自强"，完全是脱离生产关系发展生产力、脱离社会制度重建思想观念，是完全不现实

第一章 鲜血浇灌出的武装斗争真理

的。康有为、梁启超等了解西方政治体制和思想观念的人，惊闻《马关条约》签订的消息，悲愤至极，他们上书皇帝，发动了一场轰轰烈烈的维新变法运动，主张用西方的君主立宪制取代封建专制制度，发展资本主义农、工、商业，训练新式陆军、海军。维新变法虽然得到光绪皇帝的支持，但在以慈禧太后为首的强大的封建守旧派的政变中，光绪皇帝被囚，维新变法的领袖人物康有为、梁启超逃亡法国、日本，谭嗣同等戊戌六君子血溅京城，历时103天的维新变法最终失败。戊戌变法这场资产阶级改良运动的失败表明，指望封建统治者自我革命完全是痴心妄想。鸦片战争、甲午战争中国接连战败，引起并不断强化世界列强瓜分中国的野心，外国传教士带来的宗教文化与中国传统文化信仰发生激烈冲突，华北频繁发生教案，19世纪末，津冀鲁地区以习练"义和拳"民间团体为骨干，打出"扶清灭洋"的口号，直接把斗争矛头指向外国殖民势力，引起殖民者与义和团和清政府的冲突。日本、美国、奥匈帝国、英国、法国、德国、意大利及俄国八国组成联军，向清政府和义和团开战，这就是义和团运动，也称庚子事变。最终清政府战败，义和团被剿杀，清政府因此被迫同八国及比利时、荷兰、西班牙等11国签订了丧权辱国的《辛丑条约》。戊戌变法、义和团运动的失败表明，指望封建统治阶级完成民族独立和融入近代文明，也是不可能的。于是，以孙中山为代表的资产阶级革命党人，抛弃戊戌变法的资产阶级改良主义，于1911年（辛亥年）发动资产阶级民主革命，即辛亥革命，直接推翻了统治中国几千年的君主专制制度,"但未能改变中国半殖民地半封建的社会性质和中国人民的悲惨命运"①,在中外多种势力的角逐下,中国陷入了军阀混战时期。1918年第一次世界大战结束,作为协约国之一的中国连自己半殖民地的地位都没有改变。

中国人民前赴后继的救亡运动虽然没有完成救亡,却开启了中国人民思想解放和中华民族的伟大觉醒。十月革命一声炮响,给中国送来了马克思列宁主义,在迷茫中探求真理的中国知识分子找到了新的信仰。在俄国革命的感召下,中国爆发了反帝反封建的爱国运动——五四运动,中国工人阶级第一次登上历史舞台。在马克思主义与中国工人运动的结合中,中国共产党应运而生,自觉担负起了为中国人民谋幸福、为中华民族谋复兴的历史使命。

二、第一次国共合作中的教条主义

中国共产党是以马克思主义为指导思想建立的无产阶级政党。马克思主义是党的建设和党的实践的理论根据和行动指南。但是,马克思主义揭示的是人类社会的一般规律和资本主义社会的特殊规律。任何"个别"都与"一般"相联系,都是

---

① 《中共中央关于党的百年奋斗重大成就和历史经验的决议》,人民出版社2021年版,第4页。

第一章　鲜血浇灌出的武装斗争真理

"一般"的"个别";任何"一般"都只能通过"个别"而存在,并在"个别"中表现出自己的个性和生命力。如果在这一关系上出现认识和实践错误,对马克思主义的坚定信仰反而会走向教条主义,陈独秀就是一个典型例子。

陈独秀是马克思主义的早期传播者,他不仅自己著文宣传马克思主义理论,还亲自组织编译马克思主义著作,创办刊物,如《新青年》《共产党》《向导》等,这些刊物成为向旧中国的腐朽没落势力发起理论冲锋的号角,成为那个时代中国人了解马克思主义和共产党的主阵地。陈独秀对马克思主义的信仰可谓终生不渝,对共产党的情怀始终如一。众所周知,陈独秀因为对 1927 年蒋介石、汪精卫的反革命叛变采取右倾机会主义路线,在党的八七会议上被撤销党的总书记职务,1929 年 11 月又被开除出党。可是,他对党没有丝毫个人怨恨,且忠贞不渝。1932 年他在《先锋》第五期发表《谁能救中国?怎样救中国?》,文中写道:"中国的民众必须选择自己的道路,或株守在资产阶级的国民党政权之下,走向破产,饥饿,灭亡的死巷,或与无产阶级的共产党革命合作,走向复兴中国的大道!别的道路是没有的了!"[①]再看看他 1933 年在国民党法庭上的《辩诉状》。法庭以组建共党、危害民国罪起诉陈独秀,而陈独秀慷慨陈词,对共产主义,他辩护道:"或谓共产

[①]《陈独秀文集》第 4 卷,人民出版社 2013 年版,第 473 页。

主义不适宜于中国，是妄言也。"①对中国共产党，他辩护道："共产党是代表无产阶级及一切被剥削被压迫人民的政党，它的成功，是要靠多数人民之拥护，而不尚少数的英雄主义，更非阴谋分子的集团。予前之所行所为，即此物此志，现在及将来之所思所作，亦此物此志，'鞠躬尽瘁，死而后已'！"②而对国民党，他控诉道："国民党竭全国人力膏脂以养兵，拥全国军队以搜括人民杀戮异己，对日本侵占国土，始终无诚意抵抗，且制止人民抵抗，摧毁人民组织，钳制人民口舌……向帝国主义屈服，宁至全国沦亡，亦不容人有异词，家有异说。"③

  缺乏马克思主义实事求是精神的马克思主义信仰，反而会导致教条主义，教条主义同样会葬送马克思主义事业。杨炳章曾经提出这样一个观点："中共在政治上的成熟——这可以理解为中共在当时的主要成就——正是通过共产党抛弃陈独秀或者说陈独秀抛弃共产党而得以实现的。"④笔者认为，这一观点是不符合历史事实的，只是对历史的表层认知。共产党从未抛弃陈独秀，陈独秀也从未抛弃共产党。陈独秀这样一位信仰坚定的党的创始人，他所犯的路线错误的认识论根源，是对马克思主义的社会革命理论采取了教条主义态度，没有把马克

---

① 《陈独秀文集》第4卷，人民出版社2013年版，第476页。
② 《陈独秀文集》第4卷，人民出版社2013年版，第478页。
③ 《陈独秀文集》第4卷，人民出版社2013年版，第479页。
④ 杨炳章：《从革命到政治：长征与毛泽东的崛起（插图本）》，郭伟译，中国人民大学出版社2006年版，第17页。

思主义基本原理与中国具体实际真正结合起来。陈独秀原本看不上国民党，也不愿意实行国共合作，完全是在共产国际的压力下而作为政治任务来接受的。但是，在国民革命这一历史任务上，实现国共合作与陈独秀的马克思主义信仰是不矛盾的。陈独秀根据马克思主义的社会历史观，提出了用今天的话语可以称为"两类+"的社会革命学说。他 1923 年在《中国国民革命与社会各阶级》中写道："人类经济政治大改造的革命有二种：一是宗法封建社会崩坏时，资产阶级的民主革命；一是资产阶级崩坏时，无产阶级的社会革命。"此外，陈独秀根据中国的情况，提出还有一种"特殊形式的革命"，这就是殖民地或半殖民地国家的人民对内反对封建主义争取人民民主，对外反对帝国主义争取民族独立的"国民革命"。[①]他在 1922 年发表的《造国论》一文中认为，中国产业不发达，哪一个阶级都没有"在短期内能够壮大到单独创造国家的程度"，无产阶级和资产阶级都还"幼稚"，"无产阶级革命的时期尚未成熟"，资产阶级也不能单独取得革命成功，"只有两阶级联合的国民革命（National Revolution）的时期是已经成熟了"。[②]上述两个论断是符合马克思主义基本原理的。他接着推断："到了国民革命能够解除国外的侵略和国内的扰乱以后，无产阶级所尽的力量所造成的地位，未必不大过资产阶级，以现在无产

[①]《陈独秀文集》第 2 卷，人民出版社 2013 年版，第 491 页。
[②]《陈独秀文集》第 2 卷，人民出版社 2013 年版，第 284 页。

阶级的革命倾向大过资产阶级便可以推知"①。这一推断就是一厢情愿的了，关键要看在与资产阶级共同从事民主革命时，无产阶级能否掌握革命的领导权。陈独秀的这一认识与共产国际的指导思想相一致。正如毛泽东思想研究者斯图尔特·施拉姆所指出的，"苏联领导人不仅仅是要在全世界推翻资本主义的革命家，他们还要对俄国的命运负责。经验证明，当被迫作出抉择时，他们往往将后者的利益置于前者之上"②。斯大林在派给孙中山的政治顾问鲍罗廷的委派书上明确写道："责成鲍罗廷同志在孙逸仙的工作中遵循中国民族解放运动的利益，决不要迷恋于在中国培植共产主义的目的。"③这表明，斯大林在共产主义事业与苏联国家利益的关系中，是将苏联国家利益放在首位的，从而为中国共产党的政治灾难埋下了隐患。

有了上述认识，陈独秀领导党中央把主要精力放在了宣传"主义"和组织工人、农民、学生运动上，几乎没有认真考虑过建立自己的军队。第一次国共合作，共产党与国民党合作创办了黄埔军校，培养的是国民革命军军官，与国民党一起北伐，出生入死，却没有自己的军队，后来大批共产党员和工农群众反而倒在国民党军队的屠刀下。为了资产阶级民主革命的早日胜利，共产党帮助国民党发展党员，建立支部。1923年6

---

① 《陈独秀文集》第2卷，人民出版社2013年版，第285页。
② 〔美〕斯图尔特·施拉姆：《毛泽东》，中共中央文献研究室、《国外研究毛泽东思想资料选辑》编辑组编译，红旗出版社1987年版，第38页。
③ 转引自陈利明：《陈独秀正传》，人民日报出版社2019年版，第181页。

第一章　鲜血浇灌出的武装斗争真理

月党的三大通过的《关于国民运动及国民党问题的议决案》认为，"工人阶级尚未强大起来，自然不能发生一个强大的共产党——一个大群众的党，以应目前革命之需要"[①]。"我们须努力扩大国民党的组织于全中国，使全中国革命分子集中于国民党，以应目前中国国民革命之需要"[②]，所以必须与国民党加强合作。这次大会通过的《中国共产党第三次全国大会宣言》提出："中国国民党应该是国民革命之中心势力，更应该立在国民革命之领袖地位。"[③]在 1924 年 2 月召开的中国共产党第三届中央执行委员会第二次全体会议上通过的《同志们在国民党工作及态度决议案》中提出："本党以后一切宣传，出版，人民组织，及其他实际运动，凡关于国民革命的，均应用国民党名义，归为国民党的工作。""对于我们所认为必要事项，而国民党不愿用其名义活动的，仍作为本党独立的活动。"[④]党的各级组织为了帮助国民党发展，积极推进国民革命运动，做了大量的宣传、动员工作，鼓励青年加入国民党。之前，国民党的组织只在广东、上海、四川、山东等少数地区，海外也有零星组织，国民党的工作主要局限在上层，缺乏基层群众工

[①] 中央档案馆：《中共中央文件选集》第六册，中共中央党校出版社 1989 年版，第 115 页。

[②] 中央档案馆：《中共中央文件选集》第 1 卷，中共中央党校出版社 1982 年版，第 116 页。

[③] 中央档案馆：《中共中央文件选集》第 1 卷，中共中央党校出版社 1982 年版，第 128 页。

[④] 建党以来重要文献选编（一九二一——一九四九）第二册，中央文献出版社 2011 年版，第 19 页。

作。对于这一时期国共合作，周恩来说："当时，国民党不但思想上依靠我们，复活和发展他的三民主义，而且组织上也依靠我们，在各省普遍建立党部，发展组织。""当时各省国民党的主要负责人大都是我们的同志"，"是我们党把革命青年吸引到国民党中，是我们党使国民党与工农发生关系。国民党左派在各地的国民党组织中都占优势。国民党组织得到最大发展的地方，就是左派最占优势的地方，也是共产党员最多的地方"。[1]这一工作受到共产国际的高度肯定，共产国际执委会在写给共产国际执委会主席团的报告中写道："在从思想上和组织上建设国民党的整个工作中，我们中国共产党的那些加入国民党的同志起了巨大的作用"，"最近几个月，党把自己的全部力量都投入到这项工作中来了"[2]。毛泽东也对第一次国共合作建立国民革命联合战线充满热情。在1924年的国民党一大上，毛泽东被选举为国民党中央执行委员和中央局成员，会后，毛泽东以中共中央局秘书和国民党上海执行部委员兼组织部秘书双重身份，开展国共合作工作，1925年秋，毛泽东任国民党中央宣传部代理部长。1926年1月的国民党二大，毛泽东当选为国民党中央候补执委，继续代理宣传部长职务。在

---

[1]《周恩来选集》上，人民出版社1980年版，第112—113页。
[2]《共产国际执行委员会东方部给共产国际执行委员会主席团的报告》（1924年1月15日），载中共中央党史研究室第一研究部：《共产国际、联共（布）与中国革命档案资料丛书》第1卷，北京图书馆出版社1997年版，第399页。

第一章　鲜血浇灌出的武装斗争真理

此期间,毛泽东为国民革命倾心奔波,对其原因,施拉姆认为,"他之所以能够有效地开展工作,是因为他把民族的统一和中国为摆脱帝国主义统治而进行的斗争放在了第一位。他认为,在那个时期,国民党及其军队是完成这一伟业的最好的工具"①。

1926年7月9日,广州国民政府以蒋介石为总司令的国民革命军8个军约10万人誓师北伐,共产党人叶挺领导的、以共产党员为骨干的第四军独立团成为北伐先锋。中国共产党12日发表《中国共产党对于时局的主张》,号召全党和社会各界和全国人民支持北伐战争。明确主张:"照马克思主义——共产主义的理论与策略,凡是被压迫国家和殖民地的共产党,都应该代表一切被压迫民众之利益,向外国帝国主义及国内军阀争斗,不单是代表工农利益向资产阶级及地主争斗。"并提出二十三条政纲。②这充分表达了中国共产党人对于中华民族独立统一和中国人民自由解放的拳拳赤子之心。共产党人叶挺领导的、以共产党员为骨干组成的第四军独立团是北伐先锋,战功卓著,所在的第四军被誉为"铁军",叶挺被誉为北伐名将。国民革命军的政治工作主要是共产党人承担的,保证了刚刚从旧军队改编的部队的政治方向、内部统一和战斗精神。北

---

① 〔美〕斯图尔特·R. 施拉姆:《毛泽东的思想》,田松年、杨德等译,中国人民大学出版社2005年版,第35页。

② 中国共产党重要文献汇编(第八卷)(一九二六年五月—一九二六年七月),人民出版社2022年版,第411页。

伐途中，中国共产党各级组织在广东、湖南、湖北等省领导工农群众积极参与运输、救护、宣传、联络等工作，为北伐胜利进军提供了有力保障。仅仅半年时间，北伐军就控制了南方大部分省区，国民革命军冯玉祥部控制了西北地区。

共产党在国共合作中的诚心奋战非但没有获得国民党的好报，反而加重了一些人的戒心与焦虑。自合作伊始，国民党内部就存在一股排共反共势力，但共产党人始终以国民革命大局为重。可是，让共产党主要领导层始料不及的是：就在全国革命形势不断高涨、北伐战争胜利大局已定之时，翅膀硬实起来的国民党右派反共反人民的面目不再掩饰，蒋介石、汪精卫公然背叛革命，疯狂屠杀共产党员、工农运动领导人和革命群众。仅1927年3月到1928年上半年，被杀害的共产党员，工人运动、农民运动领导人，以及革命群众就达约31万人，其中共产党员约2.6万人，党的重要领导人汪寿华、陈延年、赵世炎等也倒在血泊中，党领导的工会会员由280余万人锐减到几万人，970余万农民协会会员大多被解散。轰轰烈烈的大革命失败了，从此，国民党开始了白色恐怖的统治史。

三、"枪杆子里面出政权"

孙中山在长期的革命活动中，依靠旧军队而屡屡失败。国共合作创建黄埔军校后，孙中山组建国民政府，将黄埔军校的师生和支持他的革命事业的粤军、湘军、滇军等地方部队改编为国民革命军,共编制五个军,大约 85 000 人。共产党员周恩来、李富春、朱克靖、罗汉分别担任第一、二、三、四军的副党代表兼政治部主任,大批共产党员、共青团员加入国民革命军。从 1926 年到 1927 年的北伐战争,国民革命军快速扩编为 49 个军、19 个独立师。在国民党大规模建立和扩充军队的过程中,共产党人担负起了国民革命军的政治工作,除第四军独立团由共产党员叶挺直接指挥外,国民革命军的指挥权全掌握在蒋介石等旧军人手中。黄埔军校的建立,表明中国共产党也认识到枪杆子的重要性,但只是限于枪杆子对于国民革命的重要性。

1925 年党的四大对中国无产阶级的认识发生了重大转变,提出无产阶级对于民主革命的领导权问题。这次会议通过的《对于民族革命运动之议决案》中提出:"中国无产阶级在客观上的力量虽还幼稚,而他们革命的要求及决战的心理,在最近中国民族运动中,已站在最前进的地位。""因此中国的民族革命运动,必须最革命的无产阶级有力的参加,并且取得领导的地位,才能够得到胜利。"同时,由于农民运动蓬勃发展,中央认识到,农民"是中国革命运动中的重要成分,并且他们因利害关系,天然是工人阶级之同盟者"。[①]遗憾的是,

---

① 建党以来重要文献选编(一九二一——一九四九)第二册,中央文献出版社 2011 年版,第 218—219 页。

党的四大仍然没有意识到武装斗争的重要性。到四届二中全会上决定成立军事委员会（年底改为军事部），算是有了专门从事军事工作的组织，1926年7月的中央执行委员会扩大会议，还通过了建党以来第一份《军事运动议决案》。但是，党始终没有建立属于自己的军队。中国共产党是国民革命军政治工作领导者和骨干力量，陈独秀在党的五大报告中提出必须"改组军队"，"使军队革命化"。促使国民军革命化，参加北伐的国民革命军大多是来自旧军阀的部队，要使这样的军队革命化，陈独秀认为，"不是把大多数左派和共产党员派到军队里去，让他们在军队中做政治工作，而是改变军队的社会关系"，即改变国民革命军的"社会成分"，"减少军队里流氓无产阶级的数量和地主分子的数量"，"大大加强用无产阶级分子来补充军队的工作"[1]。他已经明确指出："只限于做政治工作，我们就不会取得任何成果"，而"如果大多数工农加入军队，军队就会实现革命化"[2]。事实上，国家权力不在无产阶级掌握之下，企图靠改变军队的阶级成分来改变军队的阶级性质，未免太过一厢情愿了。尽管在国共合作过程中就遭到国民党右派反共势力的排挤和打压，党却始终没有准备以军事力量应对国民党的"翻脸"时刻。

为了总结大革命失败的血的教训，党召开八七会议。身

---

[1]《陈独秀文集》第4卷，人民出版社2013年版，第93、95—96页。
[2]《陈独秀文集》第4卷，人民出版社2013年版，第96页。

第一章　鲜血浇灌出的武装斗争真理

为中共中央候补委员的毛泽东在会上尖锐地指出，我们过去的一大失误是不做军事运动专做民众运动，党要非常注意军事问题，"须知政权是由枪杆子中取得的"①。既然政权是依靠枪杆子取得的，那么，党的工作重心就应当转到军事斗争上来。有毛泽东研究者据此认为，党的八七会议标志着毛泽东政治思想的"决定性的转折"②——从工农的思想启蒙和社会运动转向通过武装斗争夺取革命领导权的革命运动。如果说八七会议标志着党的工作重心的历史性转折更符合历史本身，那么说八七会议是毛泽东政治思想的决定性转折则不够准确。毛泽东是主张开展大规模的阶级斗争的，在农村就是要进行土地革命，要保证土地革命的成果，农民就应该有自己的武装。1925年12月，毛泽东写了《中国社会各阶级的分析》，明确提出："一切勾结帝国主义的军阀、官僚、买办阶级、大地主阶级以及附属于他们的一部分反动知识界，是我们的敌人。""那动摇不定的中产阶级，其右翼可能是我们的敌人，其左翼可能是我们的朋友——但我们要时常提防他们，不要让他们扰乱了我们的阵线。""一切半无产阶级、小资产阶级，是我们最接近的朋友。""工业无产阶级是我们革命的领导力量。"③陈独秀不赞

---

① 中共中央党史和文献研究院：《毛泽东年谱》第1卷，中央文献出版社2023年版，第205页。
② 〔法〕阿兰·鲁林：《毛泽东：雄关漫道（典藏本）》上册，毕笑译，中国人民大学出版社2014年版，第130页。
③《毛泽东选集》第1卷，人民出版社1991年版，第9页。

成农民运动的"过火"行为,所以拒绝在党中央机关报上刊登这篇文章。毛泽东后来回忆说:"大致在这个时候,我开始不同意陈独秀的右倾机会主义政策。我们逐渐地分道扬镳了,虽然我们之间的斗争直到一九二七年才达到高潮。"①

大革命失败给中国共产党人的启示千万条,归根结底就是一条:中国共产党必须以武装的革命反对武装的反革命。中国革命以血的教训再次证明了科学社会主义的基本结论,毛泽东对此概括道:"革命的中心任务和最高形式是武装夺取政权,是战争解决问题。"②

四、党的早期武装斗争及其经验教训

面对国民党的屠刀,原本赤手空拳的中国共产党人被迫拿起武器,以武装的革命反对武装的反革命。从1927年到1928年党举行了上百次武装暴动,标志着中国共产党进入了独立领导革命和创建自己的军队的新时期。然而,一次次起义无一例外地失败了,其经验教训是刻骨铭心的。

第一,必须有一支跟着党同赴使命的革命军队。中国共产党早期发动的南昌起义、秋收起义、广州起义等,很少有真正属于自己的军队。南昌起义打响武装反抗国民党反动派的第

---

① 〔美〕斯诺:《红星照耀中国》,董乐山译,人民文学出版社2016年版,第152页。
② 《毛泽东选集》第2卷,人民出版社1991年版,第541页。

第一章 鲜血浇灌出的武装斗争真理

一枪时，约 2 万兵力的起义部队，主力都是国民革命军第二方面军的部队，第 24 师由共产党员叶挺指挥，第二十军是由接近共产党的贺龙指挥的，其余部队只是受到共产党的影响而已，还有朱德直接指挥的南昌市公安局保安队，与共产党更是没有联系。起义也没有打共产党的旗帜，而是以中国国民党革命委员会的名义起义的，起义部队沿用的是国民革命军第二方面军的番号。①秋收起义虽然组建了自己的第一支部队——中国工农革命军第一师，约 5000 人②，但部队的主力还是由原国民革命军第二方面军部指挥部警卫团改编的，其余就是湖南、湖北的农军和安源煤矿的工人武装。广州起义部队主力是国民革命军第四军教导团、警卫团，广州工人赤卫队，以及广州市郊的部分农民武装。起义失败后，部队整编成立中国工农红军第四师，约 1200 人。

1928 年 4 月，朱德、陈毅率领南昌起义的队伍到达井冈山，与毛泽东领导的秋收起义的队伍在井冈山会师，组成中国工农革命军第四军③，不久又成立第十三师，第四军总共约有万人，由于战斗减员，到 1929 年 5 月，红四军全军约 4000 人，加上平江起义部队改编的中国工农红军第五军，湘鄂西部

---

① 中共中央党史研究室：《中国共产党历史》第 1 卷上，中共党史出版社 2011 年版，第 234—235 页。
② 中共中央党史研究室：《中国共产党历史》第 1 卷上，中共党史出版社 2011 年版，第 242 页。
③ 1928 年 5 月 25 日中央委员会决定，全国各地工农革命军正式定名为工农红军，此后中国工农革命军第四军改称中国工农红军第四军。

队改编的中国工农革命军第四军（第二个第四军），在鄂西长阳成立的中国工农革命军第六军，百色起义部队改编的中国工农红军第七军，截止到 1928 年底，全部兵力不足 2 万人。至于武器，主要是参加起义的国民革命军部队的装备、党争取到的国民党投诚的杂牌部队的装备，以及工人、农民参军入伍从家里带来的土枪。这就是中国共产党的军队从无到有的初创情况。后来，军队的主要成分是农民，还有通过俘虏、起义、解放而来的国民党官兵。党虽然实现了军队的从无到有，可是，能否把这样一支成分复杂、动机多样、装备低劣、纪律涣散、雇佣思想严重、情绪低落的部队建设成一支无产阶级军队，成为影响革命成败的一个关键问题。以毛泽东为主要代表的中国共产党人的军队建设思想的核心理念就是政治建军，主要体现在三个关系上。

首先，军队与党的关系。军队是党为了实现改造旧世界、建设新世界而建立起来的，党的信仰就是军队的信仰，党的旗帜就是军队的旗帜，党的使命就是军队的使命，军队是执行党的政治任务的武装团体。1927 年 9 月，毛泽东领导的秋收起义剩下的不足千人的部队进行了著名的"三湾改编"，在部队中建立党的组织，做到连有支部，营团以上有党委，连以上设党代表，建立了党领导军队的体制机制。党领导军队的这一机制具有难以估量的意义，"这就把遥远而抽象的党，化解为日常可见的东西，把党带到营地的篝火会上、带到每个持枪

第一章　鲜血浇灌出的武装斗争真理

的人手中"①。1929 年 12 月召开的红四军第九次代表大会制定了党和红军建设纲领，确立了思想建党、政治建军的原则，明确提出"红军是一个执行革命的政治任务的武装集团"②。这一原则成为立军之魂，党的这支军队从此建设成为崇高理想而战的军队，成为拖不垮、打不烂的军队。

其次，军队与人民的关系。毛泽东在《为人民服务》中写道："我们的共产党和共产党所领导的八路军、新四军，是革命的队伍。我们这个队伍完全是为着解放人民的，是彻底地为人民的利益工作的。"③在井冈山的艰难岁月，毛泽东把军队比作"鱼"，把人民比作"水"。在与红军的相处中，"井冈山不放心的村民们了解到，毛泽东推翻了千百年来的恶习。战士们帮助农民春播，给体弱者砍柴，返还向农民借的镰刀，从农民那里拿白菜要付钱，在年轻女孩附近过夜但不骚扰她们。似乎地覆天翻了"④。就这样，在长期的革命战争中，人民军队从离开老百姓家"上门板""捆稻草""借东西要还""损坏东西要赔"到"买卖公平"，逐渐形成"三大纪律""八项注意"，成了人民军队的第一军规。军队把人民当作衣食父母的"靠山"，人民把军队当作自己的"子弟兵"，军民之间形成了

---

① 〔美〕罗斯·特里尔：《毛泽东传》，何宇光、刘加英译，中国人民大学出版社 2010 年版，第 125 页。
② 《毛泽东选集》第 1 卷，人民出版社 1991 年版，第 86 页。
③ 《毛泽东选集》第 3 卷，人民出版社 1991 年版，第 1004 页。
④ 〔美〕罗斯·特里尔：《毛泽东传》，何宇光、刘加英译，中国人民大学出版社 2010 年版，第 125—126 页。

生死与共的鱼水关系。正是这一关系，使党和军队能够开辟革命根据地，党和群众一同军事化，开展真正的人民战争。正是因为得到人民的拥护和支持，人民军队获得了不竭的力量源泉，才无往而不胜。

最后，军队内部的官兵关系。从三湾改编开始，红军彻底改变旧军队的雇佣关系，规定官长不打士兵，官兵待遇平等，并由全体士兵民主选举产生士兵委员会，在党支部指导下参加部队管理，协助进行政治工作和群众工作，组织领导士兵的文化娱乐生活，监督部队的经济开支和伙食管理。军队的民主、平等关系，使军队中的每个人都有了主人翁精神和政治自豪感。正是上述三个关系使党领导的这支军队成了区别一切剥削阶级军队的新型革命军队，跟着党出生入死，浴血奋战，从胜利走向胜利。

第二，必须走一条符合中国国情的革命道路。列宁领导的俄国十月革命，走的是中心城市夺取政权的道路。中国共产党成立后，受十月革命道路的影响，党的任务主要是在城市搞工人运动。大革命失败后，党虽然认识到"枪杆子"的重要性，而且也拿起了"枪杆子"，但是，党中央没有改变在大城市武装夺取政权的革命道路，在当时党的领导人看来，国民党的重要权力在南昌、广州、长沙等省会城市，大城市也是帝国主义势力较为集中的地方，占领大城市对于壮大党和军队的力量意义重大。党中央的实际领导人李立三就明确提出，夺取了省级权力就是革命的重要胜利，他在1930年5月15日发表于

第一章 鲜血浇灌出的武装斗争真理

《布尔什维克》上的《新的革命高潮前面的诸问题》一文中写道:"没有中心城市,产业区域,特别铁路海员兵工厂工人群众的罢工高潮,决不能有一省与几省政权的胜利。想'以乡村来包围城市','单凭红军来夺取中心城市'都只是一种幻想,一种绝对错误的观念。"①岂不知,这些城市恰恰是中外势力防守严密的地方,是国民党军队最集中、调动最便捷的地方,1930 年初,红军总兵力只有约 9 万人,蒋介石直接掌握的中央军就超过 100 万人,即使攻克省会城市,要想保住新生的革命政权也是相当困难的。1930 年 7 月 28 日,彭德怀的第三军团攻克长沙,几天后长沙就重又落入敌手。执行中央指示积极坚决的贺龙指挥的红三军和周逸群指挥的红六军,放弃湘鄂西根据地,跨过长江对长沙和武汉发起联合攻击,他们 2 万人的部队损失了三分之一。邓小平领导的红七军,按照中央的意见离开广西左右江根据地远征广州和桂林,3000 多人的部队减员到不足 1000 人。

继续"进城"还是另行"上山",走战略防御的军事路线还是走战略进攻的军事路线,成为迫切需要解决的根本问题。1927 年 7 月 4 日,毛泽东在中共中央政治局常委扩大会议上明确提出了"上山"思想,认为"上山可造成军事势力的基础",被有人讥讽为"上山做大王"。对此,毛泽东不以为然。

---

① 中央档案馆:《中共中央文件选集》第 6 卷,中共中央党校出版社 1983 年版,第 60 页。

《中国革命战争的战略问题》精学导读

"上山"的根本目的是要建立革命根据地，扩大和积蓄革命力量。1927年10月，毛泽东率领秋收起义部队挺进井冈山，创建了以宁冈县为中心的中国第一个农村革命根据地，点燃了"工农武装割据"的星星之火。在当时，工农武装割据遇到的最大思想障碍是革命队伍中的悲观认识及根本疑问——"中国的红色政权为什么能够存在？"或"红旗到底打得多久？"[1]毛泽东毫不讳言："一国之内，在四围白色政权的包围中间，产生一小块或若干小块的红色政权区域，在目前的世界上只有中国有这种事。"[2]但是，1928年6月到7月在莫斯科召开的党的六大，虽然认为建立根据地和红军是决定革命新高潮的"主要条件之一"[3]，但仍然坚持城市中心论，把城市工人运动兴起看作新的革命高潮到来的决定性条件。中国工农红军"上山"之路，受到共产国际领导人的批评，他们担心中国共产党长期在农村会丧失无产阶级先进性，变成农民党。而施拉姆则认为，共产国际反对红军的"武装割据"另有隐情，"莫斯科过于强调城市工人阶级的重要性，因而认为，既然亚洲无产阶级力量薄弱而不成熟，当前就只能满足于在资产阶级领导下进行'民族革命'。这种革命，既反对西方帝国主义势力，又不会在一个邻国激起大的社会动荡，完全符合苏联外交政策

---

[1]《毛泽东选集》第1卷，人民出版社1991年版，第100页。
[2]《毛泽东选集》第1卷，人民出版社1991年版，第57页。
[3] 中央档案馆：《中共中央文件选集》第5卷，中共中央党校出版社1983年版，第213页。

第一章　鲜血浇灌出的武装斗争真理

的利益。因为苏联首先需要在东方建立起一个稳定和友好的缓冲地带，以防止外部进行新的干涉"[①]。中共中央对毛泽东的做法给予了充分肯定。1929年中共中央给红四军前委的指示信（即九月来信），总结红四军及各地红军的斗争经验，明确强调："先有农村红军，后有城市政权，这是中国革命的特征，这是中国经济基础的产物。"红军的基本任务是："一、发动群众斗争，实行土地革命，建立苏维埃政权；二、实行游击战争，武装农民，并扩大本身组织；三、扩大游击区域及政治影响于全国。"鉴于部队中的农民成分，中央认为："只有加强无产阶级意识的领导，才可以使之减少农民意识。"[②]就这样，以"工农武装割据"为基本形式，形成了"以农村包围城市、武装夺取政权"的中国特色革命道路。但是，毛泽东的这一主张被王明、博古、李德等"左"倾机会主义者污蔑为"山沟里的马克思主义"或"山上的马克思主义"，甚至蔑称为"农民主义""太平天国主义"。他们断言：山沟里出不了马克思主义。陈独秀直到1938年5月还认为，"近代的一切大运动都必然是城市领导农村"，有人却"闹出'山上的马克思主义'的笑话"，要走"依靠农村攻取城市的错误路线"[③]。毛泽东思想研究专家罗斯·特里尔对毛泽东的贡献看得清晰准

[①] 〔美〕斯图尔特·施拉姆：《毛泽东》，中共中央文献研究室、《国外研究毛泽东思想资料选辑》编辑组编译，红旗出版社1987年版，第38—39页。
[②] 《周恩来选集》上，人民出版社1980年版，第37页。
[③] 《陈独秀文集》第4卷，人民出版社2013年版，第588—589页。

确,他认为,"毛泽东的真正创新之处,在于把三个方面结合在一起:枪杆子、农民力量、马克思主义。毛泽东在其中任何一方面都不是先锋。但是,在把这三者结合成一个统一的战略方面,他是先锋"①。

第三,必须制定以弱胜强的战略战术。到1929年6月,红军总兵力不足2万人,且分散在各地独立开展游击战争,而国民党的军队,据1929年3月国民党的官方统计,总兵力已经超过200万人,就兵力数量而言,这在当时世界各国中是绝无仅有的。②军事实力如此悬殊,对于红军而言,如果不能制定以弱胜强的战略战术,尽管从事的是革命的正义战争,但要战胜敌人是绝无可能的。以强胜弱是战争的基本规律,所以,党早期一次次的武装起义都失败了。中国革命战争,要么不搞,要搞就必须制定出一套以弱胜强的战略战术。这实在太难了!毛泽东曾自我检讨过,秋收起义第一仗就打了败仗,到井冈山的头一仗也打了败仗。后来他还自我检讨道:"高兴圩打了败仗,那是我指挥的;南雄打了败仗,是我指挥的;长征时候的土城战役是我指挥的,茅台那次打仗也是我指挥的。"③但是,以毛泽东为代表的中国共产党人,在战争实践中终于找

---

① 〔美〕罗斯·特里尔:《毛泽东传》,何宇光、刘加英译,中国人民大学出版社2010年版,第119页。
② 中共中央党史研究室:《中国共产党历史》第1卷上,中共党史出版社2011年版,第228页。
③《建国以来毛泽东军事文稿》中,军事科学出版社、中央文献出版社2010年版,第326页。

第一章　鲜血浇灌出的武装斗争真理

到了以弱胜强的战略战术，为中国革命胜利提供了军事指导。在井冈山时期，红军游击战的战略战术是：敌进我退，敌驻我扰，敌疲我打，敌退我追。毛泽东对斯诺说："红军的最重要的一个战术，过去是，现在仍然是，在进攻时集中主力，在进攻后迅速分散。这意味着避免阵地战，力求在运动中歼灭敌人的有生力量。红军的机动性和神速而有力的'短促突击战'，就是在上述战术的基础上发展起来的。"他强调："一般说来，凡是红军背离了这些口号，他们就不能打胜仗。我们的军力很小，敌人超过我们十倍到二十倍；我们的资源和作战物资有限，只有把运动战术和游击战术巧妙地结合起来，我们才能有希望在反对国民党的斗争中取得胜利，因为国民党是在雄厚得多的基础上作战的。"①

五、五次反"围剿"军事指导的经验与教训

反抗国民党统治的一次次武装起义失败后，毛泽东、朱德、彭德怀、滕代远等领导的红军转战到赣南、闽西，开辟了赣南、闽西、湘赣革命根据地。1930 年 3 月，赣西南和闽西苏维埃政府相继成立后，赣西南、闽西两苏区统称中央苏区。1930 年 11 月至 1931 年 9 月，粉碎国民党军第一、第二、第

---

①〔美〕斯诺：《红星照耀中国》，董乐山译，人民文学出版社 2016 年版，第 167 页。

三次大规模"围剿"的胜利和根据地的扩大，使赣西南、闽西两苏区连成一片，根据地已经扩展到30多个县境，在24个县建立了苏维埃政府。1931年1月，中共中央决定成立中共苏区中央局，周恩来任书记。11月，中华苏维埃共和国临时中央政府在江西瑞金成立，毛泽东任主席，同时成立中华苏维埃共和国中央革命军事委员会，朱德任主席。红军采取被斯诺称为"波浪式"或"潮水式"①的策略扩大苏区，革命根据地快速扩大。到1933年秋，中央苏区总面积约8.4万平方公里，总人口达453万，党员总数约13万人，建立了江西、福建、闽赣、粤赣四个省级苏维埃政权，拥有60个行政县，成为全国最大的革命根据地。1933年1月，中共中央机关由上海迁到瑞金，这个根据地成了中央革命根据地和共产党的政治中心。

中央机关从上海搬到江西瑞金根据地，标志着毛泽东主张的农村包围城市、武装夺取政权的革命道路思想被中央所接受，党在政治路线上获得基本统一。接下来的就是中国革命战争的战略问题了，即走什么军事路线的问题。果不然，在军事路线问题上，毛泽东的正确主张又与临时中央负责人和共产国际的主张发生了冲突，直到遵义会议，毛泽东的主张才在中央确立了主导地位。

党的八七会议纠正了陈独秀的右倾机会主义错误后，先

---

① 〔美〕斯诺：《红星照耀中国》，董乐山译，人民文学出版社2016年版，第167页。

第一章 鲜血浇灌出的武装斗争真理

后出现了博古的"左"倾盲动错误、李立三的"左"倾冒险错误和王明的"左"倾教条主义这些"原则性的错误","致使革命战争遭受了严重的损失"。①之所以会走向另一个极端,原因大体上有三个方面:一是对陈独秀的右倾机会主义错误心有余悸,生怕重蹈覆辙,再落右倾罪名。二是对执行共产国际指示缺乏反思和求是精神。1929年2月、6月、8月、10月,共产国际对中国共产党的工作多次作出含有"左"倾错误主张的决议和指示,特别是10月26日的指示信,明确提出:"中国进到了深刻的全国危机底时期。"②1930年1月11日,中共中央政治局通过《接受国际一九二九年十月二十六日指示信的决议》,2月26日中共中央发布70号通告,对革命形势作出过高估计,提出总的政治路线就是汇合各种斗争,变军阀战争为国内阶级战争,以推翻国民党统治,建立苏维埃政权。三是对革命形势做了不切实际、盲目乐观的估计。1929年到1930年,在国民党新军阀建立统治的过程中,中央政府与地方政府之间、蒋介石的嫡系部队与各杂牌军之间的矛盾尖锐起来,1929年,先是爆发了蒋桂战争③,接着又爆发了蒋介石、阎锡山、冯玉祥三派之间的混战,张发奎、俞作柏联盟的反蒋战争,唐生智、石友三联盟的反蒋战争。这次军阀混战涉及中原

---

① 《毛泽东选集》第2卷,人民出版社1991年版,第548页。
② 中央档案馆:《中共中央文件选集》第5卷,中共中央党校出版社1983年版,第422页。
③ 蒋介石与桂系军阀李宗仁之间的战争。

和华南广大地区，致使共产国际和中国共产党的领导层认为，中国陷入全国危机，革命的高潮到来了。1930年6月11日，李立三主持召开的中央政治局会议通过了他主导的决议——《新的革命高潮与一省或几省的首先胜利》（立三路线），对世界革命和中国革命形势作出了狂热的、空想的判断，决议认为，"在现在全世界革命危机都已严重化的时候，中国革命有首先爆发，掀起全世界的大革命，全世界最后的阶级决战到来的可能"[①]，"在新的革命高潮日益接近的形势之下，准备一省或几省首先胜利，建立全国革命政权，成为党目前战略的总方针"[②]。在这种认识指导下，中央两次命令中央根据地的红军攻打长沙都失败了，又命令红军攻打武汉，遭到拒绝。毛泽东说："企图把长沙当作一种根据地，而不在后面巩固苏维埃政权，这在战略上和在战术上都是错误的。"[③]

红军军事上的冒险招致了敌人疯狂的"围剿"。从1930年至1934年，国民党在日本对我国东北、华北大举入侵的民族危机中，置民族大义于不顾，奉行"攘外必先安内"的战略，对中央革命根据地、鄂豫皖革命根据地、湘鄂西革命根据地、赣东北革命根据地、湘赣革命根据地、湘鄂赣革命根据地

[①] 中央档案馆：《中共中央文件选集》第6卷，中共中央党校出版社1983年版，第85页。

[②] 中央档案馆：《中共中央文件选集》第6卷，中共中央党校出版社1983年版，第89页。

[③]〔美〕斯诺：《红星照耀中国》，董乐山译，人民文学出版社2016年版，第169页。

第一章　鲜血浇灌出的武装斗争真理

发动了一次比一次规模更大的"围剿"。仅对中央革命根据地就发动了五次"围剿",从第一次的 10 万兵力,到第五次的 100 万兵力,采取从"长驱直入,分进合击"(第一、三、四次)到"稳扎稳打,步步为营"(第二次)、"堡垒推进,步步为营"(第五次)的作战方针,对中央革命根据地和红军进行"围剿"。中央革命根据地的红一方面军在毛泽东、朱德的指挥下,采取"诱敌深入"的作战方针,取得了第一、二、三次反"围剿"的胜利。中央革命根据地第四次反"围剿",在周恩来和朱德的指挥下,根据毛泽东积极防御的战略思想,采取声东击西、大兵团伏击、集中优势兵力围歼敌人的作战方针,也取得了辉煌胜利。然而,鄂豫皖、湘鄂西革命根据地的第四次反"围剿"却失败了。作为鄂豫皖中央分局书记的张国焘,强令红军围攻坚固设防的城市,并准备夺取武汉,却陷于被动挨打的地位,最终不得不退出根据地,再也没能回来。这四次反"围剿"战役,每次"红军都几旅几旅地、整师整师地消灭了国民党军队,补充了自己的武器和弹药,招来了新兵,扩大了地盘"[①]。中央苏区红军这时约有 18 万兵力,还有大约 20 万游击队和赤卫队,瑞金还建了兵工厂。

1933 年 9 月底到 10 月上旬,蒋介石在德国、意大利、美国军事顾问的指导下,调集 100 万军队,出动 200 多架飞机,

---

[①]〔美〕斯诺:《红星照耀中国》,董乐山译,人民文学出版社 2016 年版,第 178 页。

《中国革命战争的战略问题》精学导读

向各革命根据地发动了最大规模的"围剿",仅对中央革命根据地就动用了约 40 万兵力,采取持久战与堡垒主义的战略战术,分路"围剿"中央红军。在敌强我弱如此悬殊的态势下,临时中央领导人提出"御敌于国门之外""不丧失寸土"的冒险主义方针,采取堡垒战、阵地战与短促突击,同绝对优势之敌拼消耗。经过一年的顽强抵抗,红军军事上连续失利,死伤超过 6 万人,根据地群众死亡上百万。①到 1934 年 9 月,中央苏区仅剩瑞金、兴国等几个县。10 月 10 日,中央机关和主力红军从江西瑞金一带实现突围,长江南北各苏区红军也陆续放弃根据地,踏上了吉凶未卜的茫茫长路——二万五千里长征。党只剩下陕甘边区一个根据地和分散在南方八省坚持游击战争的红军游击区。红军第五次反"围剿"的惨重失败,宣告了"左"倾政治路线及其军事路线的全面破产。

---

① 〔美〕斯诺:《红星照耀中国》,董乐山译,人民文学出版社 2016 年版,第 182 页。

第二章　马克思主义军事路线的系统论证

1934年10月，党中央、中央军委和红军主力共8.6万人被迫实行"举国大迁移"①，长江南北苏区的红24师、独立团和地方游击队约1.6万人，加上党政机关人员和红军伤病员，共3万余人，留下掩护主力红军转移，其余部队在国民党军队的疯狂进攻中也离开根据地开始长征②，中央革命根据地和南方革命根据地全部丧失。

全国各地布满国民党的政府军、地方武装和警备部队，红军的行动受到围追堵截。长征的艰难困苦是我们今天的人难以想象的。崔健在《新长征路上的摇滚》中唱道：

　　听说过，没见过，两万五千里，
　　有的说，没的做，怎知不容易。
　　埋着头，向前走，寻找我自己，
　　走过来，走过去，没有根据地。

---

①〔美〕斯诺：《红星照耀中国》，董乐山译，人民文学出版社2016年版，第184页。
② 中共中央党史研究室：《中国共产党历史》第1卷上，中共党史出版社2011年版，第404页。

想什么，做什么，是步枪和小米，
道理多，总是说，是大炮轰炸机。
汗也流，泪也落，心中不服气，
藏一藏，躲一躲，心说别着急。
…………
问问天，问问地，还有多少里？
求求风，求求雨，快离我远去。
山也多，水也多，分不清东西，
人也多，嘴也多，讲不清道理。
怎样说，怎样做，才真正是自己？
怎样歌，怎样唱，这心中才得意？
一边走，一边想，雪山和草地，
一边走，一边唱，领袖毛主席。
…………

长征途中，中央红军共经过 14 个省，翻越 18 座大山，跨过 24 条大河，走过草地，翻过雪山，行程约二万五千里，共进行了 600 余次战役战斗，攻占 700 多座县城，共击溃国民党军数百个团，红军牺牲的营以上干部多达 430 余人。1935 年 10 月、1936 年 10 月，红军三大主力先后会师于陕甘宁地区，长征胜利结束。党和红军付出了巨大牺牲，中央革命根据地和南方革命根据地全部丧失，红军由长征前的 30 万人缩小

第二章　马克思主义军事路线的系统论证

到只有 2 万多人①。但是，也正是长征二万五千里的艰难跋涉，让毛泽东军事思想得到升华，正是长征的生死考验，确立了毛泽东所代表的正确军事路线，使毛泽东能在延安的书房里构建起指导中国革命和中国革命战争的系统理论，使马克思主义真正成为扎根于中国大地的马克思主义，从而使中国革命真正成为适合中国国情的中国人民的革命。

一、第二次国内革命战争中军事路线的大争论

放弃中央革命根据地开始长征，党的主要领导人由"左"倾冒险走向另一个极端——退却中的逃跑主义，并把战略转移搞成搬家式行动，"兵工厂拆迁一空，工厂都卸走机器，凡是能够搬走的值钱东西都装在骡子和驴子的背上带走，组成了一支奇怪的队伍"②。这时，党内军内不仅对"向哪里走"存在严重分歧，在"仗怎么打"问题上分歧更为严重。消极防御的逃跑主义，使红军处于十分被动的地位，致使中央红军渡过湘江后锐减至 3 万余人。

成为长征的分水岭，从而也是中国革命历史的分水岭的是遵义会议。遵义会议的重要性在于：关于中国革命战争的军

---

① 《建国以来毛泽东军事文稿》下，军事科学出版社、中央文献出版社 2010 年版，第 135 页。
② 〔美〕斯诺：《红星照耀中国》，董乐山译，人民文学出版社 2016 年版，第 182—183 页。

事路线的大争论终于有了结论,为革命的胜利奠定了军事理论基础,制定了正确的军事路线及其战略战术原则。1935年1月15至17日,中共中央政治局在遵义召开扩大会议,总结第五次反"围剿"失败的经验教训。博古做关于第五次反"围剿"的总结报告,强调反"围剿"失败的客观原因,不承认他和李德压制正确意见、在军事指导上犯了严重错误。周恩来就军事问题做了副报告,他明确指出,军事领导的战略战术错误,是第五次反"围剿"失败的主要原因,并主动承担了责任,诚恳地做了自我批评,同时批评了博古和李德。张闻天按照事先与毛泽东、王稼祥共同商量的意见,做了反对"左"倾军事错误的报告。毛泽东在大会上做了长篇发言,系统分析了博古、李德指挥第五次反"围剿"的"单纯防御路线"的错误,全面阐述了中国革命战争的战略战术问题和今后红军作战应当采取的方针。博古的报告除凯丰一个人赞成外,其他与会者都表示反对,毛泽东的意见被会议采纳。会议指定张闻天根据大会发言,特别是毛泽东的发言起草《中共中央关于反对敌人五次"围剿"的总结决议》(简称《遵义会议决议》,这个决议于1935年2月5日至9日在扎西召开的中央政治局会议上正式通过)[①]。会议增选毛泽东为中共中央政治局常务委员,决定由周恩来、朱德指挥军事,周恩来为军事指挥最后决定的负责

[①] 中央档案馆:《中共中央文件选集》第9卷,中共中央党校出版社1986年版,第443—460页。

第二章 马克思主义军事路线的系统论证

者。不久，中央决定毛泽东为周恩来军事指挥上的协助者，随后又成立了毛泽东、周恩来、王稼祥三人小组，负责指挥红军的行动。遵义会议确立了毛泽东的核心领导地位，制定了正确的军事路线和作战方针，成为中国共产党及其红军生死攸关的历史转折点。特里尔认为，"在遵义的那12天，长征从精疲力竭的军事撤退，转变成既有革命目的又有民族目的的政治行动"[1]。

这次政治局扩大会议认为，第五次反"围剿"失败的主要原因是军事上的"单纯防御路线"。[2]《中共中央关于反对敌人五次"围剿"的总结决议》认为，国民党军队对红军的第五次"围剿"，其兵力数倍甚至数十倍于红军，采取"持久战与堡垒主义的战略战术，企图逐渐消耗我们的有生力量与物质资财，紧缩我们的苏区，最后寻求我主力决战，以达到消灭我们的目的"。面对强敌，我们的战争指导者却让弱小的红军"以单纯防御路线（或专守防御）代替了决战防御，以阵地战堡垒战代替了运动战，并以所谓'短促突击'的战术原则来支持这种单纯防御的战略路线"。决议尖锐地指出：这种战略战术，"同我们红军取得胜利的战略战术的基本原则，是完全相反的"。决议明确提出，在敌强我弱的情势下，"我们的战略路

---

[1]〔美〕罗斯·特里尔：《毛泽东传》，何宇光、刘加英译，中国人民大学出版社2010年版，第160页。

[2] 中央档案馆：《中共中央文件选集》第9卷，中共中央党校出版社1986年版，第456页。

线应该是决战防御（攻势防御），集中优势兵力，选择敌人的弱点，在运动战中，有把握的去消灭敌人的一部或大部，以各个击破敌人，彻底粉碎敌人的'围剿'"。决议把"决战防御"或"攻势防御"——"不是单纯的防御，而为了寻求决战的防御，为了转入反攻的防御"——确定为敌强我弱条件下中国革命战争的"战略路线"。①

"攻势防御"路线，其要义有三：第一，集中优势兵力各个歼灭敌人。敌人处于外线，在战略上采取包围和分进合击的方针，我军处于内线，恰恰可以以一部钳制敌人的一路或数路，集中最大力量包围敌人一路而歼灭之，各个击破敌人，粉碎敌人的"围剿"。过去，我们为了抵御各方面敌人前进，经常分散兵力，结果，我们处处薄弱，始终被动，反而"便利于敌人对我们各个击破"②。第二，在运动战中消灭敌人。在敌人采取堡垒主义的战术下，我军绝不能强攻敌人的堡垒，我们在广大的无堡垒地区，"迫使敌人不得不离开堡垒来和我们做运动战"。"只要我们灵活的、艺术的、出奇制胜的运用运动战的战略战术原则，我们就一定能够粉碎敌人的堡垒主义。"③第三，战略上的持久战与战役战斗上的速决战相统一。决议强

---

① 中央档案馆：《中共中央文件选集》第 9 卷，中共中央党校出版社 1986 年版，第 445 页。

② 中央档案馆：《中共中央文件选集》第 9 卷，中共中央党校出版社 1986 年版，第 447 页。

③ 中央档案馆：《中共中央文件选集》第 9 卷，中共中央党校出版社 1986 年版，第 449 页。

第二章 马克思主义军事路线的系统论证

调:"必须明白中国国内战争不是一个短时期的战争,而是长期的持久的战争。"由于敌强我弱,在不利的条件下,我们可以暂时退却;在有利的条件下,转入反攻或进攻。"为了进行长期的持久战,对于每一次'围剿'与每一个战役,必须极力争取战局的速决。"[1]反之,对我们是极为不利的。

决议充分表明,中央完全接受了毛泽东关于中国革命战争的战略战术,第二次国内革命战争中关于军事路线的争论就此有了定论。遵义会议之后,红军四渡赤水,巧渡金沙江,强渡大渡河,飞夺泸定桥,彻底摆脱了优势敌军的围追堵截,粉碎了蒋介石企图围歼红军于川、黔、滇边境的计划,取得了战略转移中具有决定意义的胜利,直到红军三大主力会师于陕甘宁,才算有了新的落脚点。从1935年到1948年的13年,以延安为中心的陕甘宁边区成为中共中央所在地,成为中国人民抗日战争的政治指导中心和中国人民解放战争的总后方,中国革命事业从低潮走向高潮,中国革命由此出现了历史性转折,彻底扭转了中国的前途命运。

中央和红军在陕北稳稳落脚后,毛泽东此时对中国革命的前途命运充满信心,这从他1936年2月的一首词——《沁园春·雪》中,可以得到理解。

---

[1] 中央档案馆:《中共中央文件选集》第9卷,中共中央党校出版社1986年版,第450页。

北国风光，

千里冰封，

万里雪飘。

望长城内外，

惟余莽莽；

大河上下，

顿失滔滔。

山舞银蛇，

原驰蜡象，

欲与天公试比高。

须晴日，

看红装素裹，

分外妖娆。

江山如此多娇，

引无数英雄竞折腰。

惜秦皇汉武，

略输文采；

唐宗宋祖，

稍逊风骚。

一代天骄，

成吉思汗，

只识弯弓射大雕。

俱往矣，

数风流人物，

还看今朝。

二、《中国革命战争的战略问题》对党的军事路线的系统阐发

中国共产党在整个新民主主义革命时期，如何处理好与共产国际或苏联共产党的关系，决定着党的政治路线。

在马克思、恩格斯看来，"资产阶级，由于开拓了世界市场，使一切国家的生产和消费都成为世界性的了"[1]。但是，资本关系本质上就是剥削与被剥削关系、依附与被依附关系，因此活跃在世界市场上的资产阶级，"它迫使一切民族——如果它们不想灭亡的话——采用资产阶级的生产方式；它迫使它们在自己那里推行所谓的文明，即变成资产者。一句话，它按照自己的面貌为自己创造出一个世界。"[2]马克思、恩格斯同时指出："现代的工业劳动，现代的资本压迫，无论在英国或法国，无论在美国或德国，都是一样的，都使无产者失去了任何民族性。"[3]各个国家、各个民族的法律、道德、宗教表面上有很大的不同，其实，隐藏在这些意识形态后面的是资产阶级利益。但是，生产力的普遍发展与资本的世界性扩张，同时也造就了人们之间的世界联系，使无产阶级及其政党推翻资本主义、建设社会主义-共产主义的事业成为世界性的了。同时，人与人之间的世界联系使过去那种"地域性的个人"最终

---

[1]《马克思恩格斯文集》第 2 卷，人民出版社 2009 年版，第 35 页。
[2]《马克思恩格斯文集》第 2 卷，人民出版社 2009 年版，第 35—36 页。
[3]《马克思恩格斯文集》第 2 卷，人民出版社 2009 年版，第 42 页。

要被"世界历史性的、经验上普遍的个人"所代替，交往的扩大也会逐渐地消灭"地域性的共产主义"。①所以马克思、恩格斯认为，"共产主义只有作为占统治地位的各民族'一下子'同时发生的行动，在经验上才是可能的"。②在《共产党宣言》中，他们号召："全世界无产者，联合起来！"③第二国际因第一次世界大战引起国际工人运动的大分裂而解散，列宁领导苏俄共产党建立起第一个社会主义国家后，于1919年正式建立共产党国际（即共产国际，也称第三国际）——"一个能在革命无产阶级为建立世界苏维埃共和国而进行的斗争中指导无产阶级的国际策略的中心"④，继续完成马克思恩格斯的未竟事业。列宁认识到："苏维埃具有国际性质，这种斗争形式和组织形式已经扩展到全世界的工人运动，苏维埃的历史使命是充当资产阶级议会制以及整个资产阶级民主制的掘墓人、后继人和接替人。"⑤共产国际的主张与正在酝酿创立中国共产党的陈独秀、李大钊的想法一拍即合，中国共产党就在共产国际的指导和资助下成立了。成立后的中国共产党于1922年正式申请加入共产国际，成为共产国际的一个支部而接受其领导。

---

① 《马克思恩格斯文集》第1卷，人民出版社2009年版，第538页。
② 《马克思恩格斯文集》第1卷，人民出版社2009年版，第538—539页。
③ 《马克思恩格斯文集》第2卷，人民出版社2009年版，第66页。
④ 《列宁专题文集：论无产阶级政党》，人民出版社2009年版，第256页。
⑤ 《列宁专题文集：论无产阶级政党》，人民出版社2009年版，第255页。

第二章　马克思主义军事路线的系统论证

从中国共产党成立起，共产国际就以直接派遣代表的方式指导和领导中国共产党的建设和革命实践，由于这些代表屡犯错误和中国白色恐怖的严峻现实，在党的六大于莫斯科召开期间，共产国际决定改变指导中国的方式，采取在莫斯科设立中共驻共产国际代表团，协助共产国际指导中国革命的方式。但毕竟共产国际与中国共产党是上下级关系，共产国际的指示又不能不执行，而共产国际领导人又不能完全真切了解中国革命变化着的实际，即使是中共驻共产国际代表团的同志，由于实际脱离中国革命实践，对中国革命变化着的实际也很难全面真切掌握。加上列宁逝世后，苏联共产党领导人难免将苏联利益作为优势事项，让中国革命服从苏联世界战略的需要，对中国革命的指导常常与中国具体实际相脱离，给中国革命造成过不小损失。

为此，毛泽东于 1930 年 5 月写了《反对本本主义》，从思想路线入手来解决中国革命的政治路线问题。毛泽东所说的"本本"包括两种，一是马克思主义经典作家的著作和论断，一是"上级的指示"。毛泽东从理论上论证了三个重大结论：第一，"没有调查，没有发言权"。[1]调查的目的是解决问题，因而，调查不是一朝一夕之事，更不是看到"表面""枝节"就能形成正确政见的，"调查就像'十月怀胎'，解决问题就像

---

[1]《毛泽东选集》第 1 卷，人民出版社 1991 年版，第 109 页。

'一朝分娩'"①。没有长时间、深入的对中国革命实际的调查了解,是没有资格指导中国革命的,否则,也只能是"瞎说一顿",结果不是机会主义,就是盲动主义。第二,"中国革命斗争的胜利要靠中国同志了解中国情况"。②毛泽东直言不讳:"共产党的正确而不动摇的斗争策略,决不是少数人坐在房子里能够产生的,它是要在群众的斗争过程中才能产生的,这就是说要在实际经验中才能产生。"③指导中国革命的正确理论、路线和策略,只能在中国共产党人的革命实践中产生和发展。第三,"我们需要'本本',但是一定要纠正脱离实际情况的本本主义"④。"本本"与"本本主义"的区别在于能否将"本本"中的基本理论、一般原则与中国革命的具体实际相结合,用中国革命实践来检验"本本",发展理论。这三个重要结论,为中国共产党人破除对共产国际的崇拜,处理好与共产国际的关系奠定了思想理论基础,也为中国共产党确立正确的政治路线奠定了思想理论基础。

正确的政治路线确定之后,正确的军事路线及其战略战术的确立对于党和红军就具有了关键意义。

遵义会议决议对以毛泽东为代表的红军领导人在开辟革命根据地、反对国民党军队的多次"围剿"中形成战略战术的

---

① 《毛泽东选集》第1卷,人民出版社1991年版,第110页。
② 《毛泽东选集》第1卷,人民出版社1991年版,第115页。
③ 《毛泽东选集》第1卷,人民出版社1991年版,第115页。
④ 《毛泽东选集》第1卷,人民出版社1991年版,第112页。

第二章 马克思主义军事路线的系统论证

原则做了充分肯定和原则性阐述，但这毕竟只是党的会议决议，限于文字篇幅，不可能足够详细、深入、系统。从党的决议贯彻情况看，在戎马倥偬的艰难岁月，除了党和红军的高层，一般官兵根本没有整块时间系统学习、领会、消化党的会议的决议。因而，党的军事路线及其战略战术仍然需要更为广泛、具体、深入的普及和灵活运用。红军三大主力在陕甘宁地区胜利会师后，毛泽东终于有时间对党在第二次国内革命战争的经验进行深入总结和全面系统阐述，以便全党全军真正理解把握和灵活运用。为此，毛泽东于1936年12月写了《中国革命战争的战略问题》，第一次全面阐明了两条军事路线的对立以及对于中国革命的两种截然不同的结果，全面系统阐发遵义会议确立的党的正确军事路线及其战略战术。关于写作的动因和背景，毛泽东1964年6月24日在会见越南人民军总参谋长文进勇时，曾回忆道："一九三六年，红军大学要我去讲革命战略问题。好，我就看参考书，考虑怎样总结国内革命战争的经验，写讲义。我看了国民党的军事材料，看了日本、俄国和西欧国家的一些军事著作，其中包括克劳塞维茨的军事著作，也看了一点苏联编的军事资料和中国古代的兵书孙子兵法等，主要是总结中国十年内战的经验。写的讲义题目是《中国革命战争的战略问题》，还没有写完，还有关于战略进攻、政治工作、党的工作等问题，因为西安事变发生，没有工夫

《中国革命战争的战略问题》精学导读

再写。"①据记载，1936 年 10 月 27 日，毛泽东开始为红军大学一科（上干队）讲授"中国革命战争的战略问题"，一直持续到西安事变发生。②尽管这是一篇没有最终完成的著作，《中国革命战争的战略问题》仍然是指导中国革命战争最全面、最系统、最深刻、最具体的专门著作，从而成为人类军事思想史上的经典文献。

三、《中国革命战争的战略问题》的文本结构

《中国革命战争的战略问题》中的"中国革命战争"，就其语义学的能指而言，则包括阶级革命战争（国内战争）和民族革命战争，具体说来，就是北伐战争、土地革命战争、抗日民族革命战争③；就其所指而言，则只指中国共产党领导的阶级革命战争。毛泽东在 1938 年的《战争和战略问题》中认为，北伐战争、土地革命战争、抗日民族革命战争，"这些战争都是革命战争，战争所反对的对象都是反革命，参加战争的主要成分都是革命的人民；不同的只在或者是国内战争，或者是民族战争；或者是共产党单独进行的战争，或者是国共两党

---

① 《建国以来毛泽东军事文稿》下，军事科学出版社、中央文献出版社 2010 年版，第 241 页。
② 中共中央党史和文献研究院：《毛泽东年谱》第 1 卷，中央文献出版社 2023 年版，第 602 页。
③ 《毛泽东选集》第 1 卷，人民出版社 1991 年版，第 183、185、193 页。

第二章　马克思主义军事路线的系统论证

联合进行的战争"[①]。但是，这里谈论的"战略问题"，即战争的战略指导，讲的都是国共两党、两军的战争中红军的军事战略问题。对此，毛泽东明确写道："我们的战争是从一九二七年秋天开始的"，即南昌起义、广州起义、秋收起义。[②]因而，毛泽东该文论证的"战略问题"，是党领导的阶级革命战争的战略问题，或土地革命战争的战略问题。我们从本书第五章第二节所讲的中国革命战争的四个特点都是内战的特点便可确认。在讲第二个特点"敌人的强大"时，只比较红军与国民党军队的强弱。毛泽东特别强调，正是因为"这个特点"，"使红军的作战不能不和一般战争以及苏联内战、北伐战争都有许多的不同"[③]。关于中国人民抗日民族革命战争的战略战术指导，毛泽东于1938年5月写了中国共产党独立领导抗日战争的战略指导专论——《抗日游击战争的战略问题》，以及中国人民在抗日民族统一战线条件下的抗日战争的战略指导专论——《论持久战》。

《中国革命战争的战略问题》全篇四万余言，共设五章，系统阐述了中国共产党指导中国革命战争的军事路线。围绕这一主题，全文研究和回答了三大问题，文本相应分为三个部分。

第一部分：如何研究战争？这是第一章的内容，本章的标题点明了问题。指导战争，必须研究战争；研究战争，就是

[①]《毛泽东选集》第2卷，人民出版社1991年版，第543—544页。
[②]《毛泽东选集》第1卷，人民出版社1991年版，第204页。
[③]《毛泽东选集》第1卷，人民出版社1991年版，第189页。

要研究战争规律；把握了战争规律，才能应用规律于战争指导实践，形成战争的指导规律；研究战争，必须有正确的方法论，这是战争指导者的基本功。作者将战争区分为三个层次——一般战争、特殊的革命战争、更为特殊的中国革命战争，并提出，研究这三个层次的战争就是要认识三个层次的战争规律，即一般战争规律、特殊的革命战争规律、更为特殊的中国革命战争的规律。毛泽东在这一章特别强调，研究战争的主要方法是"从战争中学习"①。除此之外，还要学习军事理论，那是前人或今人对以往战争经验的总结。学习军事理论不是为了照搬照抄，而是要用自己的战争经验检验或考验这些理论。所以，"读书是学习，使用也是学习，而且是更重要的学习"，"干就是学习"②。战争和其他社会实践相比，直接经验更具重要性。中外都有纸上谈兵的人。意大利的马基雅维利曾经出版过《论战争的艺术》，他因此遭到拿破仑的嘲笑，因为他没有任何战争经验，还严词拒绝过君王交给他的指挥作战的任务。拿破仑曾向他的弟弟杰罗姆说："只有上战场才能学会打仗。"③我们可以在这一部分学习理解毛泽东所阐述的研究战争的一般方法论，提高研究战争的能力和水平。

第二部分：中国共产党为何研究战争？这是第二章的内

---

① 《毛泽东选集》第 1 卷，人民出版社 1991 年版，第 181 页。
② 《毛泽东选集》第 1 卷，人民出版社 1991 年版，第 181 页。
③ 〔法〕拿破仑·波拿巴：《拿破仑论战争》，布鲁诺·科尔森编著，曾珠、郭琳、樊静薇等译，上海社会科学院出版社 2016 年版，第 83 页。

容。作者根据马克思主义阶级理论和阶级分析方法，结合中国革命的历史经验，对中国社会各阶级之于中国革命及中国革命战争做了全面分析，得出的结论是：中国资产阶级虽然在某个历史时期可以参加革命，但由于他们的自私自利和政治经济上缺乏独立性，不愿意也不能领导中国革命战争取得胜利。中国的农民、城市小资产阶级是中国革命战争的主力军，但由于他们的小生产特点所决定的他们的政治眼光的局限性，也无法担当起领导重任。在中国，"只有无产阶级和共产党，才最没有狭隘性和自私自利性，最有远大的政治眼光和最有组织性，而且也最能虚心地接受世界上先进的无产阶级及其政党的经验而用之于自己的事业"[①]。因此，中国革命战争的领导责任，就不得不落到了中国共产党的肩上。

第三部分：中国共产党如何指导中国革命战争？这是第三、四、五章的内容，也是文本的主体部分。第三章研究了中国革命战争的特点，正确的战略指导必须由此出发，以此为据，适应特点，防止犯教条主义错误。第四章阐明了"围剿"与反"围剿"是中国阶级革命战争或"中国内战"的主要形式，从而明确了中国革命战争的战略态势：一是敌人在外线，包围我们；我们在内线，被包围。二是敌强我弱，正确的战略指导本质上是以弱胜强的战略战术。第五章全面研究了中国共产党指导中国革命战争的战略核心——战略防御。毛泽东从积

[①]《毛泽东选集》第 1 卷，人民出版社 1991 年版，第 183—184 页。

极防御与消极防御的比较中，论证了积极防御对于战胜强敌的重要性；从战略退却与战略反攻的关系中，论证了必要的战略退却对于组织战略反攻的积极性；从分散兵力与集中兵力的关系中，论证了集中优势兵力各个歼灭敌人是我们战胜强敌的基本原则；从持久战与速决战的关系上，论证了战略上的持久战与战役战斗上的速决战，是我们战略指导的基本方针；从运动战、游击战与歼灭战的关系上，论证了运动战的目的是分散敌人、分割敌人、孤立敌人、弱化敌人，为我军实施歼灭战创造条件。

按照毛泽东计划中还要写的战略进攻，自然就构成这一部分的最后一个问题。第五章已经研究了战略防御中的战略反攻以及反攻的时机与条件。毛泽东指出："反攻原则，是在敌人进攻时应用的。进攻原则，是在敌人防御时应用的。"[1]也就是说，战略反攻只是在大的战争的不同阶段，一旦出现有利于我而不利于敌的条件时，对战略进攻之敌实施大规模的反击，消灭敌人有生力量，为总体上实施战略进攻创造条件。战略反攻是战略防御的重要内容，也是战略防御的最后阶段。经由战略反攻成果的积累，实现总体态势上由敌强我弱向我强敌弱的转化，造成有利的政治形势和战略态势，就到了实施战略进攻的阶段了。战略进攻是对处于战略防御态势的敌人，在一定方向和地区实施大规模进攻，通过战略进攻，为战略决战创

---

[1]《毛泽东选集》第1卷，人民出版社1991年版，第216页。

造条件。战略决战是战略进攻中最紧张、最激烈的作战行动,通过战略决战最终战胜敌人。

如果按照原计划还要写政治工作,就构成了该著作的第四部分和第四个问题:如何为中国革命战争胜利提供政治保障?政治工作是中国共产党及其人民军队的优势,也是毛泽东论述较多的内容,这里不再赘述。

四、《中国革命战争的战略问题》的理论特点

1962年1月12日,毛泽东在会见由铃木茂三郎率领的日本社会党访华团时回忆道:"遵义会议时,凯丰说我打仗的方法不高明,是照着两本书去打的,一本是《三国演义》,另一本是《孙子兵法》。其实,打仗的事,怎么照书本去打?那时,这两本书,我只看过一本——《三国演义》。另一本《孙子兵法》,当时我并没有看过。那个同志硬说我看过。我问他《孙子兵法》共有几篇?第一篇的题目叫什么?他答不上来。其实他也没有看过。从那以后,倒是逼使我翻了翻《孙子兵法》。"[①]为了系统总结第二次国内革命战争的正反两方面的经验教训,全面准确地阐述党的军事路线及其战略战术,特别是急于撰写《中国革命战争的战略问题》,1936年10月22日,

---

① 杨明伟:《毛泽东兵法的独特意境》,中共中央党史与文献研究院官网,https://www.dswxyjy.org.cn/n1/2019/0228/c423725-30948887.html,2017年6月18日,作者系中共中央文献研究室第一编研部主任、研究员。

《中国革命战争的战略问题》精学导读

毛泽东致电当时在西安做统战工作的叶剑英和刘鼎，特别嘱咐他们"买一部《孙子兵法》和一些关于战役指挥与战略方面的军事书籍"[①]。长征的战争实践让凯丰很快认识到只有毛泽东才能领导党和红军，他公开收回自己在遵义会议上的意见，真心实意地站在毛泽东一边。其实，在《中国革命战争的战略问题》以及整个毛泽东军事思想体系中，我们可以深切感受到马克思主义唯物辩证法、历史观、军事观、战争观和中国传统哲学在党的军事斗争中炉火纯青的自然挥洒与创造性运用。我们学习毛泽东的这篇著作要注重把握如下一些基本特点，以便更深刻地领会其精神实质，并融会贯通于自己的知识结构之中。

历史与现实的交相辉映。毛泽东高度重视现实，他研究中国革命战争的战略问题，首先基于中国革命战争的特点、中国社会各阶级的状况及其关系、中国与外国的关系现状。同时他又是高度重视历史的，因为无论是社会理论，还是军事理论、战争理论，很大程度上是对历史经验教训的总结。历史是通向现实的已成道路，现实是历史的自然延伸，无论经过何种程度的变革，现实都与过去存在千丝万缕的联系。如果不懂得一个国家、一个民族、一个阶级、一个政党的过去，就不能理解这个国家、民族、阶级、政党的现在，也不可能预测这个国家、民族、阶级、政党的未来，更不能得出指导这个国家、民

[①] 中共中央党史和文献研究院：《毛泽东年谱》第 1 卷，中央文献出版社 2023 年版，第 600 页。

第二章　马克思主义军事路线的系统论证

族、阶级、政党实践的正确理论。毛泽东说过，中国人认识中国革命规律也经过了一个曲折过程，"中国这个客观世界，整个地说来，是由中国人认识的，不是在共产国际管中国问题的同志们认识的。共产国际的这些同志就不了解或者说不很了解中国社会，中国民族，中国革命。对于中国这个客观世界，我们自己在很长时间内都认识不清楚，何况外国同志呢？"①中国是一个历史悠久的文明古国，典籍浩瀚，思想精深，正反两方面的历史事件都能成为中国人立足现在、面向未来可资借鉴的宝贵资源。毛泽东对中国的政治史、社会史、军事史、文化史及其典籍涉猎广泛、研究精深、领悟通透，使他面对中国革命、中国革命战争的现实问题时优裕从容，谈起中国历史上的人物、事件、战争如数家珍。就军事而言，毛泽东研究中国革命战争，主要结合了三类战争史：一是中国历史上的战例；二是外国历史上的战例，主要是苏联军队的战例；三是红军的作战史，特别是五次反"围剿"的经验和教训。毛泽东说："我们要坚决地恢复红军一路来用以打胜仗的许多可宝贵的建军原则和战略战术原则。我们要把所有一切过去的优良的东西都总结起来，成为有系统的更发展的更丰富的军事路线，以便争取在今天战胜敌人，并且准备在将来转变到新阶段去。"②研究历史就是总结历史经验与教训，把握历史规律，对历史规律的

---

① 《建国以来毛泽东军事文稿》下，军事科学出版社、中央文献出版社2010年版，第136页。
② 《毛泽东选集》第1卷，人民出版社1991年版，第233页。

把握是判断未来、定位现在的重要根据。我们应当注意从毛泽东对战争史及其著名战例的点评中理解他对现实战争问题的认识和解决。

  理论与实践相辅相成。一切从实际出发,这是马克思主义唯物论的基本原则。中国革命战争的实际首先是中国社会的现实,其次是中国革命战争的成功经验和失败教训。注重总结经验,从中找出规律性的联系,从而就能摒弃经验的特殊性和局限性,得出指导实践的科学理论。毛泽东指导中国革命和中国革命战争,坚持马克思主义基本原理而拒斥教条主义,做到这一点的方法论原则,就是把马克思主义基本原理与中国革命的具体实际相结合,找到对中国革命、中国革命战争有效的理论和举措。走上革命道路的早期,毛泽东也和党的其他领导人一样,坚持"城市中心论",在大城市开展工人运动,搞城市武装起义。他回忆说:"在民主革命时期,经过胜利、失败,再胜利、再失败,两次比较,我们才认识了中国这个客观世界。"[①]毛泽东的品格在于:在胜利的实践中,他没有停留并陶醉于成功,而是总结出经验来;在失败的事实面前,他觉悟较早,反思深刻,改正果断。他领导红军开辟了第一个根据地——井冈山革命根据地,成功迈出"农村包围城市、武装夺取政权"的中国革命道路的第一步,然而,正如他后来回忆

[①]《建国以来毛泽东军事文稿》下,军事科学出版社、中央文献出版社2010年版,第135页。

第二章　马克思主义军事路线的系统论证

这段历史时所说,"一些吃过洋面包的人不信任,认为山沟子里出不了马克思主义"[①];他在井冈山军事斗争中,总结出游击战争的"十六字诀",在反"围剿"战争中,他创造了"诱敌深入"战术,连续三次赢得反"围剿"胜利。可是,还是有人攻击他"根本不懂马克思主义",完全是"狭隘经验论"。然而,中国革命却从山沟里崛起,中国革命战争却用毛泽东的"土战法"战胜了强敌。他后来说:"在抗日战争前夜和抗日战争时期,我写了一些论文,例如《中国革命战争的战略问题》、《论持久战》、《新民主主义论》、《〈共产党人〉发刊词》,替中央起草过一些关于政策、策略的文件,都是革命经验的总结。那些论文和文件,只有在那个时候才能产生,在以前不可能,因为没有经过大风大浪,没有两次胜利和两次失败的比较,还没有充分的经验,还不能充分认识中国革命的规律。"[②]我们学习《中国革命战争的战略问题》,必须用心体会毛泽东是如何处理理论与实践的关系的,从中领悟出毛泽东指导中国革命战争的奥妙与智慧。

原则性与灵活性水乳交融。毛泽东一再告诫红军的指挥员,就战争的一般指导而言,以强胜弱、"以多胜少是最好的

---

① 中共中央文献研究室:《缅怀毛泽东》(上),中央文献出版社 1993 年版,第 401 页。
② 《建国以来毛泽东军事文稿》下,军事科学出版社、中央文献出版社 2010 年版,第 135 页。

办法"①，也是战争的一般规律。但必然性存在于偶然性之中，并通过偶然性表现出来。正如《孙子兵法》所言，"兵者，诡道也。"战争是一种诡道逻辑，虚虚实实，真真假假，斗智斗勇，是人世间最具偶然性的领域。遵守战争的一般规律，这是原则性；在诡道逻辑中战胜敌人，这就需要灵活性。所谓灵活性，就是根据时间、地点、条件的变化，不拘一格地因应必然性。其思想方法论的灵魂是实事求是，其哲学基础是目的与手段的统一性。这一点，在《中国革命战争的战略问题》中像一束普照的光，把通篇映照得明澈通透。红军与国民党军队打仗，完全是以弱对强，为了改变局部的敌我力量对比，毛泽东出神入化地处理内线中的外线、持久中的速决、防御中的进攻、"围剿"中的围剿、劣势中的优势、不利中的有利、被动中的主动②，在这样的战略思想指导下，运动战、游击战、阵地战等各种具体作战形式，在毛泽东那里，因战制宜，得心应手。

唯物论与辩证法浑然一体。国外一些研究毛泽东哲学的学者，如斯图尔特·施拉姆、莫里斯·迈斯纳、弗里德里克·韦克曼等，认为毛泽东思想的主导性内容是唯意志主义、乌托邦主义，这是对毛泽东哲学思想及其实践智慧的片面化理解和极端化误解。毛泽东关于中国革命道路的探索是建立在最基本的国情基础上的，主要是：中国的经济政治不平衡，中国

---

① 《毛泽东选集》第1卷，人民出版社1991年版，第222页。
② 《毛泽东选集》第1卷，人民出版社1991年版，第224页。

是一个半殖民地国家，中国是一个农村、农民、农业大国，中国的工业、工人阶级弱小，等等，正是基于对这些基本国情的深入研究，他下决心抛开"城市中心论"，坚持"农村包围城市论"，超越旧民主主义革命，坚持无产阶级领导的新民主主义革命论。他关于中国革命战争的战略问题，不是从军事教科书的原则出发，而是从研究中国革命战争的主要特点出发制定科学有效的战略战术原则，如：进攻时反对冒险主义、防御时反对保守主义、转移时反对逃跑主义；反对红军的游击主义，却又承认红军的游击性；反对战役的持久战和战略的速决战，承认战略的持久战和战役的速决战；反对大后方制度，承认小后方制度；反对绝对的集中指挥，承认相对的集中指挥；等等。他把战争中的唯物论与辩证法结合得天衣无缝，有"条条"，但不是"教条"，"条条"一旦与"条件"相结合，就不再是"框框"，而是激发条件实践功能的"酵母"。

五、学习《中国革命战争的战略问题》的建议

遵义会议开始确立了毛泽东在中共中央和红军的领导地位后，毛泽东不仅领导红军转变了军事上的被动局面，而且在马克思主义军事理论上也进入了创造性的新时期。毛泽东先后写了《论反对日本帝国主义的侵略》（1935年12月27日）、《中国共产党在抗日时期的任务》（1937年5月3日）、《中国共产党在民族战争中的地位》（1938年10月14日）、《统一战

线中的独立自主问题》（1938年11月5日）、《中国革命和中国共产党》（1939年12月）等文章，从理论和实践上全面规划了中国革命战争——阶级革命战争和民族革命战争——的政治路线；继《中国革命战争的战略问题》之后，毛泽东又写了《抗日游击战争的战略问题》（1938年5月）、《论持久战》（1938年5月）、《战争和战略问题》（1938年11月6日），全面系统地阐述了中国化马克思主义的军事观和党的抗日战争军事路线；还写了两篇哲学专论《实践论》（1937年7月）、《矛盾论》（1937年8月），以独特视角和视域阐述并发展了马克思主义认识论和辩证法，从思想路线的高度为党在中国革命战争中的政治路线、军事路线奠定了马克思主义世界观和方法论基础。笔者认为，为了全面理解、深刻把握《中国革命战争的战略问题》的马克思主义军事理论和中国革命战争的战略战术，领略毛泽东卓越的军事智慧，读者应当一并学习《抗日游击战争的战略问题》《论持久战》《战争和战略问题》。如果读者还想全面、深入、立体地了解中国共产党在中国革命战争中的政治路线，建议认真研读《论反对日本帝国主义的侵略》《中国共产党在抗日时期的任务》《中国共产党在民族战争中的地位》《统一战线中的独立自主问题》《中国革命和中国共产党》。马克思主义政治路线、军事路线都是建立在马克思主义世界观和方法论基础上的，为了全面理解中国共产党在中国革命和中国革命战争中的思想路线、政治路线和军事路线的哲学基础，深入研读《实践论》和《矛盾论》，将会大有裨益。

第三章　自觉担当起党对中国革命战争的领导责任

前面我们已经说过，根据马克思主义的科学社会主义理论，资本主义发展到其基本矛盾不解决社会就不能前进的时候，无产阶级才会起而推翻资本主义，进而实行社会主义。所以，中国共产党的创始人陈独秀认为，中国工业不发达，资产阶级和无产阶级都处于幼稚阶段，任何一个阶级都不能独立领导革命，需要两个阶级及其政党——国民党和共产党联合起来。由于中国革命是推翻封建主义和帝国主义的民主革命，因此国民党应当是民主革命的领导核心，共产党的历史责任是协助国民党完成民主革命。这就是为什么当蒋介石、汪精卫向共产党人举起屠刀的时候，陈独秀却不知所措的深层原因。能不能理直气壮地争取无产阶级对于中国革命和中国革命战争的领导权，成为中国革命和中国革命战争成败的政治核心问题。

《中国革命战争的战略问题》精学导读

一、中国革命战争的主要敌人

　　毛泽东在《中国革命战争的战略问题》中非常尖锐地指出，中国革命战争的"国民革命"时期和1927年至1936年的土地革命战争时期，这两个阶段具有完全不同的性质。第一个阶段是共产党和国民党第一次合作，两党共同北伐，推翻封建军阀统治，实现国家统一的大革命运动。但是，以蒋介石、汪精卫为代表的大资产阶级叛变了革命，大肆屠杀共产党人，中国革命和中国革命战争进入中国无产阶级及其政党——中国共产党独立领导中国革命和中国革命战争的时期。所以毛泽东说："我们的战争是从一九二七年秋天开始的"，即从南昌起义、广州起义、秋收起义开始的。[1]民族独立和人民解放的历史任务自然落到了中国共产党身上，中国共产党人毅然担当起这一崇高而异常艰巨的历史责任。

　　全部问题的核心在于：中国革命和中国革命战争的主要敌人是谁？这个问题直接涉及中国革命的性质问题。

　　毛泽东明确指出，虽然国民党右派叛变了革命，但是，"中国革命战争的主要敌人，是帝国主义和封建势力"[2]。也就是说，当时中国社会的主要矛盾仍然是帝国主义和中华民族的矛盾、封建主义与人民大众的矛盾，"打倒列强，除军阀"，

---

[1]《毛泽东选集》第1卷，人民出版社1991年版，第204页。
[2]《毛泽东选集》第1卷，人民出版社1991年版，第183页。

是全中国人民的共同意愿，也是实现中华民族独立、中国社会进步和中国人民解放的根本要求。因而，中国革命仍然是资产阶级民主革命，这一性质没有变。然而，它已经不是也不应该是旧民主主义革命了。自五四运动爆发以来，中国无产阶级已经作为一支独立的政治力量登上历史舞台，中国共产党的诞生使中国无产阶级有了自己的政党，以蒋介石、汪精卫为代表的大资产阶级或官僚资产阶级已经背叛了革命，标志着近代以来资产阶级领导的旧民主主义革命已经不能彻底完成中国革命任务，中国革命进入了新民主主义革命阶段。这是无产阶级领导的、人民大众的、反对帝国主义、封建主义的革命，同时也是反对大资产阶级、买办资产阶级和官僚资产阶级的彻底革命。它的目标不是建立资产阶级统治和发展资本主义，而是要建立无产阶级统治，并逐步实现由新民主主义向社会主义的过渡。所以毛泽东说，帝国主义和封建主义是"革命的主要敌人"，除此之外，中国革命的敌人还有大资产阶级和大地主阶级的联盟，它们与帝国主义势力有着千丝万缕的政治经济联系和依存共生关系。

二、历史和人民选择了中国共产党

新民主主义革命的领导阶级是中国无产阶级，新民主主义革命的政治领导核心是中国共产党。这是中国社会各阶级的属性和中国革命历史逻辑的必然要求。

中国资产阶级或"民族资产阶级",与中国工业的发展一样弱小,对中国革命具有两面性,担当不起领导中国革命战争的重任。中国民族资产阶级内受封建地主和军阀的压迫与盘剥,外受帝国主义打击,在经济上政治上都缺乏独立性,它赞成反对帝国主义、反对封建地主阶级、反对军阀的革命运动,在"某种历史时机可以参加革命战争"[1]。但是,由于资本的逐利性,资本家是"无利不起早",自私自利是中国资产阶级的特性。特别是他们与无产阶级有着不可调和的矛盾,当本国无产阶级和国际无产阶级参加革命队伍的时候,资产阶级就惶恐退缩了。戴季陶曾经形象地描述过中国资产阶级的政治取向:"举起你的左手打倒帝国主义,举起你的右手打倒共产党。"[2]所以,中国资产阶级"不愿意也不能领导中国革命战争走上彻底胜利的道路"[3]。

中国农民阶级和城市小资产阶级是革命和革命战争的主力军,但也不能成为中国革命和中国革命战争的正确的领导者。中国农民阶级和城市小资产阶级是被剥削、被压迫的阶级,他们愿意积极地参加革命和革命战争,并愿意使战争取得彻底胜利。但是,由于他们的小生产者的社会地位,狭小的生产方式和狭隘的利益关系限制了他们的眼界,使他们的政治眼

---

[1]《毛泽东选集》第1卷,人民出版社1991年版,第183页。
[2]《毛泽东选集》第1卷,人民出版社1991年版,第4页。
[3]《毛泽东选集》第1卷,人民出版社1991年版,第183页。

第三章 自觉担当起党对中国革命战争的领导责任

光狭隘而又短浅，一部分失业群众还具有无政府思想，"不能成为战争的正确的领导者"[1]。

"在无产阶级已经走上政治舞台的时代，中国革命战争的领导责任，就不得不落到中国共产党的肩上。"[2]第一，无产阶级不占有生产资料，它与所有有产阶级的利益相冲突，而与人类的利益相一致。无产阶级只有废除私有制，才能解放自己，也只有废除私有制，才能消灭阶级，消除人与人之间的经济、政治、社会不平等及其根源。第二，在半殖民地的中国社会，各阶级中只有无产阶级"最没有狭隘性和自私自利性"，因而也"最有远大的政治眼光"和彻底革命精神。正如马克思、恩格斯所说：无产阶级只有解放人类，才能最后解放自己。因而，中国无产阶级"也最能虚心地接受世界上先进的无产阶级及其政党的经验而用之于自己的事业"[3]。第三，无产阶级"最有组织性"，这是大工业生产方式劳动协作特性的结果。这一特质也造就出无产阶级的高度纪律性和革命战斗性。第四，中国无产阶级有了自己的政治组织——中国共产党，从而"能够领导农民、城市小资产阶级和资产阶级，克服农民和小资产阶级的狭隘性，克服失业者群的破坏性，并且还能够克

---

[1]《毛泽东选集》第1卷，人民出版社1991年版，第183页。
[2]《毛泽东选集》第1卷，人民出版社1991年版，第183页。
[3]《毛泽东选集》第1卷，人民出版社1991年版，第184页。

《中国革命战争的战略问题》精学导读

服资产阶级的动摇和不彻底性"①。突破了阶级局限性,只要共产党的政策不犯错误,就一定能领导中国革命和中国革命战争走上胜利的道路。

中国革命和中国革命战争的历史证明了这一结论。1924年至 1927 年的国民革命战争,是在国际无产阶级(特别是苏俄无产阶级和苏联共产党)和中国无产阶级及其政党——共产党对于中国资产阶级及其政党——国民党的政治影响和政治合作之下进行的。然而,正当国民革命的北伐战争势如破竹之时,大资产阶级却叛变革命,将枪口对准了自己的政治盟友——中国无产阶级和中国共产党,加上这个时候共产党内存在机会主义路线错误,自动放弃革命领导权,致使轰轰烈烈的大革命惨遭失败。中国大资产阶级叛变革命后,中国无产阶级及其政党独立担起了中国革命和中国革命战争的历史责任,开始了土地革命战争。这一历史阶段,革命的对象不仅有帝国主义,还有大资产阶级和大地主的联盟。在十五年的革命岁月中,中国共产党在全国人民面前,"表示了自己是人民的朋友,每一天都是为了保护人民的利益,为了人民的自由解放,站在革命战争的最前线"②。为了革命的胜利,至抗日战争全面爆发前夕,中国共产党英勇牺牲了几十万党员和几万党的干部,也对全国人民起到了教育作用。全国人民终于

---

① 《毛泽东选集》第 1 卷,人民出版社 1991 年版,第 184 页。
② 《毛泽东选集》第 1 卷,人民出版社 1991 年版,第 184 页。

第三章　自觉担当起党对中国革命战争的领导责任

清楚地看到:"处在民族敌人侵入的紧急关头的中国有了救亡图存的条件"——"一个为大多数人民所信任的、被人民在长时间内考验过因此选中了的政治领导者"。历史证明:"没有中国共产党在过去十五年间的艰苦奋斗,挽救新的亡国危险是不可能的。"[①]

中国共产党在革命战争中也犯过错误,大革命时期犯过陈独秀右倾机会主义错误,土地革命时期犯过李立三"左"倾机会主义错误,除此之外,1931年至1934年,还出现过王明"左"倾机会主义错误和1935年至1936年张国焘右倾机会主义错误。所有这些错误都给党和红军造成了无可挽回的巨大损失,甚至险些葬送了红军,葬送了党。但是,这些错误最终都依靠共产党自身的力量纠正了过来。正是这些曲折与挫折,反而教育了党和红军,提高了全党全军的马克思主义理论水平和政治能力,"我们的党和我们的红军是从这些错误的克服中锻炼得更加坚强了"[②]。

中国革命和中国革命战争实践证明:"我们不但需要一个马克思主义的正确的政治路线,而且需要一个马克思主义的正确的军事路线。"[③]历史同时证明:党只有不断地同"左"倾机会主义和右倾机会主义做斗争,才能走出一条马克思主义的正确的政治路线和军事路线。

[①]《毛泽东选集》第1卷,人民出版社1991年版,第185页。
[②]《毛泽东选集》第1卷,人民出版社1991年版,第185页。
[③]《毛泽东选集》第1卷,人民出版社1991年版,第186页。

三、以正义战争反对非正义战争

战争是人类互相残杀的怪物，但却是人类历史挥之不去的残酷现实。毛泽东给战争下了一个经典定义，他写道："战争——从有私有财产和有阶级以来就开始了的、用以解决阶级和阶级、民族和民族、国家和国家、政治集团和政治集团之间、在一定发展阶段上的矛盾的一种最高的斗争形式。"①战争之所以是解决重大政治矛盾的"最高的斗争形式"，就是因为它是暴力形式、杀戮形式、毁灭形式，没有比这种解决矛盾的形式更激烈、更残酷、更具毁灭性的形式了，它因而也是解决矛盾的最后形式。毛泽东后来还说到战争的终极功能，这就是："政治发展到一定的阶段，再也不能照旧前进，于是爆发了战争，用以扫除政治道路上的障碍。"②政治道路上的最大"障碍"就是军事力量，以军事力量扫除军事力量是政治主体的极端的、最后的选择。

那么，历史上的阶级和阶级、民族和民族、国家和国家、政治集团和政治集团之间为什么会诉诸战争、战争争夺什么呢？所有的武力争斗都是合理的吗？历史的真实是：阶级和阶级、民族和民族、国家和国家、政治集团和政治集团之间直接争斗的目标是政治权力，而权力的背后是经济利益，其深层

---

① 《毛泽东选集》第 1 卷，人民出版社 1991 年版，第 171 页。
② 《毛泽东选集》第 2 卷，人民出版社 1991 年版，第 479 页。

第三章　自觉担当起党对中国革命战争的领导责任

根源则是生产力与生产关系、经济基础与上层建筑的矛盾。意大利哲学家罗伯托·埃斯波西托认为，"占有物或失去物，是战争过后胜利者与失败者区分的真正标志"[①]。马克思主义既不是不加分析地反对和谴责一切战争，也不是不加分析地支持和赞美一切战争。恩格斯根据主导战争的政治性质，把战争分为两类，即进步的、革命的、解放的战争和反动的、奴役性的、侵略性的战争。他认为，进步的战争对社会的发展起着促进的作用，反动的战争起着阻滞社会进步的作用。因此，马克思主义旗帜鲜明地支持和赞美进步战争，反对和谴责反动战争。毛泽东使用了正义性和非正义性的划分，认为战争的正义性和非正义性，取决于战争的政治目的的正当与否，凡是那些以侵略、扩张、霸权、剥削、压迫为目的的战争，都是非正义战争；反之，凡是那些反侵略、反扩张、反霸权、反剥削、反压迫以维护自身正当权益的战争，都是正义战争。所以毛泽东明确指出："一切反革命战争都是非正义的，一切革命战争都是正义的。"[②]共产党人坚持正义战争，反对非正义战争，为的是防止人类的大多数遭受战争摧残。为此，共产党人高举正义战争的旗帜，因为，"人类正义战争的旗帜是拯救人类的旗帜，中国正义战争的旗帜是拯救中国的旗帜。"[③]中国共产党领

---

① 〔意〕罗伯托·埃斯波西托：《人与物：从身体的视点出发》，邰蓓译，长江文艺出版社2022年版，第10页。
② 《毛泽东选集》第1卷，人民出版社1991年版，第174页。
③ 《毛泽东选集》第1卷，人民出版社1991年版，第174页。

导的阶级革命战争，是反剥削、反压迫，实现中国人民解放的进步的正义战争；中国共产党领导的民族革命战争，是反侵略、反殖民，实现中华民族独立解放的合乎国际道义的正义战争。

四、革命战争的目的是消灭一切战争

战争与和平问题，是人类最古老的哲学论题之一。历史证明，一切剥削阶级的和平只是自己的和平，或自己及其盟友的和平。与此不同，共产党人进行战争，其目的在于消灭战争，最终实现世界的永久和平。战争消亡的机制就在战争产生机制的逆向运动中。战争产生的原因是多种多样的，概括说来，有个别原因、特殊原因和根本原因。战争产生的根本原因就是我们说的战争的根源或最终原因。最终消灭战争，就在于铲除战争产生的根源。

在马克思主义看来，"一切历史冲突都根源于生产力和交往形式之间的矛盾"[1]。战争起源于生存资料的争夺，发展于私有财富的掠夺。在原始公社里，由于生产力低下，同一氏族的成员共同占有生产资料，人们集体劳动，平均劳动所得，没有剩余产品，没有私有财产，当然也没有阶级分化。"单个人的财产并不是同公社分开的个人的财产，相反，个人只不过是

---

[1]《马克思恩格斯文集》第1卷，人民出版社2009年版，第567—568页。

第三章　自觉担当起党对中国革命战争的领导责任

公社财产的占有者。"①一个氏族或部落的最根本任务就是寻找并保住有利于氏族生存和繁衍的自然条件。有时，不同氏族或部落之间，为了争夺渔猎山林、河流，或耕地、牧场，或为了血族复仇，也会发生战争。但这种战争只是氏族成员之间的斗争，既不是正规军队与军队之间的对抗，也不具有阶级对抗性质，"这种战争可能以部落的消灭而告终，但从没能以它的被奴役而告终。氏族制度的伟大，但同时也是它的局限，就在于这里没有统治和奴役存在的余地"②。私有制和由此决定的阶级产生以后，战争的目的、形式、规模以及惨烈程度都发生了根本性变化。与原始氏族和部落战争为争夺生存条件不同，阶级社会的战争是以掠夺财富和奴役其他民族为目的的。人们的生存条件是有限的、容易满足的，而人们对私有财产的占有则是贪得无厌的。因而，私有制条件下生产关系的对抗性及其派生出的阶级对立和对抗，成为战争的最普遍、最持久、最深厚的根源。

马克思主义认为，战争最终会退出人类历史舞台。当生产力高度发展，生产资料社会所有制作为人类普遍的生产关系，私有制消亡了，阶级不存在了，人与人之间没有贫富差别，也没有由此而产生的尊卑贵贱，作为阶级统治的国家被"自由人的联合体"所取代，人类既不需要为生存而争斗，也

---

① 《马克思恩格斯全集》第46卷上，人民出版社1979年版，第475页。
② 《马克思恩格斯文集》第4卷，人民出版社2009年版，第177—178页。

《中国革命战争的战略问题》精学导读

不再为占有财产而征战,战争就退出历史舞台,世界将迎来永久和平。马克思预言:"全世界工人的联合终究会根绝一切战争。……同那个经济贫困和政治昏聩的旧社会相对立,正在诞生一个新社会,而这个新社会的国际原则将是和平,因为每一个民族都将有同一个统治者——劳动!"①

然而,当战争还存在的时候,以抽象和平主义的态度对待它,或是畏惧它,都是无济于事的,正确的方法只有一个——"用战争反对战争"②。毛泽东后来在《战争与战略问题》中写道:"我们是战争消灭论者,我们是不要战争的;但是只能经过战争去消灭战争,不要枪杆子必须拿起枪杆子。"③毫无疑问,共产党人进行战争的目的是为了和平,共产党人的政治是争取和平。1976年2月23日,毛泽东会见美国总统尼克松时明确指出:"在阶级存在的时代,战争是两个和平之间的现象。战争是政治的继续,也就是说是和平的继续。和平就是政治。"④那么,共产党的枪杆子要打什么战争呢?一句话:正义战争。这就是:"用革命战争反对反革命战争,用民族革命战争反对民族反革命战争,用阶级革命战争反对阶级反革命战争。"⑤最终实现世界普遍安全和永久和平。

---

① 《马克思恩格斯全集》第17卷,人民出版社1963年版,第7—8页。
② 《毛泽东选集》第1卷,人民出版社1991年版,第174页。
③ 《毛泽东选集》第2卷,人民出版社1991年版,第547页。
④ 《建国以来毛泽东军事文稿》下,军事科学出版社、中央文献出版社2010年版,第401页。
⑤ 《毛泽东选集》第1卷,人民出版社1991年版,第174页。

第四章　研究掌握战争大海中的游泳术

进行战争，就要研究战争；研究战争，最核心的任务是认识战争规律，为正确指导战争提供科学根据。所以毛泽东说："指挥员在战争的大海中游泳，他们不使自己沉没，而要使自己决定地有步骤地达到彼岸。指导战争的规律，就是战争的游泳术。"[①]不同的战争有不同的规律，而且"战争规律是发展的"，一切战争理论都必须随战争实践而发展。运用战争理论必须与自己从事的战争实际相结合，只会纸上谈兵，或教条主义地对待战争理论和战争实践，是不可能不失败的。

一、研究战争的本质及其规律

战争是人世间最诡异的博弈，交战双方的指导者都面临复杂的、多变的、真真假假或虚虚实实的敌对与互动。马克思主义认为，战争与任何事物一样具有规律性，其规律性首先是与战争的本质相联系的。

在毛泽东看来，战争不是人与人之间的一般冲突或械

[①]《毛泽东选集》第1卷，人民出版社1991年版，第183页。

斗，而是社会性冲突，不是一般的社会冲突，而是大规模的暴力冲突。如前所述，根据恩格斯的研究，战争是在原始社会末期才产生的。随着生产的发展和人口的增长，现有的居住区所能提供的生活资料逐渐难以满足氏族成员的需要，于是，不同的原始部落集团为了维护或扩大各自成员的生存条件而诉诸暴力，产生了战争。但是，那时的战争，其目的主要是保护和占有氏族成员赖以生存的物质条件，而不具有奴役性。当人类社会进入阶级社会以后，战争就不仅仅是为了掠夺，还有了阶级奴役的性质。正是在战争的掠夺性和奴役性相统一的意义上，毛泽东认为，"战争是民族和民族、国家和国家、阶级和阶级、政治集团和政治集团之间互相斗争的最高形式"①。众所周知，处理阶级和阶级、民族和民族、国家和国家、政治集团和政治集团之间矛盾的手段有多种，"军事只是完成政治任务的工具之一"②，它不是一般手段，而是极为特殊的手段，这就是暴力手段。阶级和阶级、民族和民族、国家和国家、政治集团和政治集团之间的矛盾是客观的，其背后的原因也是可以认识的，这就为认识战争爆发的规律提供了基本认识构架。所以毛泽东说："一切关于战争的规律，都是进行战争的民族、国家、阶级、政治集团为了争取自己的胜利而使用的。"③

作为不同的社会政治主体之间的"斗争方式"，战争充满

---

① 《毛泽东选集》第 1 卷，人民出版社 1991 年版，第 182 页。
② 《毛泽东选集》第 1 卷，人民出版社 1991 年版，第 86 页。
③ 《毛泽东选集》第 1 卷，人民出版社 1991 年版，第 182 页。

第四章 研究掌握战争大海中的游泳术

诡计与欺诈,所以许多军事家、军事理论家都夸大战争的偶然性和诡秘性而否定战争的规律性、可知性和可预见性。18世纪的法国元帅萨克斯尽管半生征战沙场,却认为战争的基础是"惯例"和"偏见",所有的科学都有原理,唯独战争是个例外。德国"铁血宰相"俾斯麦甚至认为,在战争问题上,谁都无法有把握地预料上帝是怎样安排的。德国资产阶级军事学家克劳塞维茨认为战争无论就其客观性还是主观性质都"近似赌博"。唯物辩证法认为,万事万物都有规律,战争也不例外。列宁指出:"规律就是关系……本质的关系或本质之间的关系"[1],"规律是现象中同一的东西"[2]。在偶然性的背后存在着必然性,必然性总是通过偶然性开辟道路,偶然性只是必然性的补充和表现形式。所谓规律,就是事物运动过程中的条件与结果之间的内在的、本质的、必然的联系。那些无关的、可有可无的条件造成了事物的偶然性,那些决定着结果的条件造成了事物的规律性。当人们找到偶然性中的这种联系的时候,就能发现特殊的个别事件中的重复性、绝对流动性中的相对的固定性、或然性中的确实性、可能性中的现实性,一句话,偶然性中的必然性或规律性。问题不在于有没有规律,只在于人们是否把握了存在于事物运动过程中的规律。虽然战争规律比其他事物的规律更难把握,但并不是不能认识的,关键要有认

---

[1]《列宁全集》第38卷,人民出版社1999年版,第161页。
[2]《列宁全集》第38卷,人民出版社1999年版,第159页。

识战争的科学方法。就开战而言，战争不是无缘无故的，它与一定的政治制度、经济制度和文化、宗教相联系，是这些因素决定着特定的国家、民族、阶级、政治集团处理与其他国家、民族、阶级和政治集团关系的价值取向和方式，战争规律就在相互矛盾的国家、民族、阶级和政治集团的政治、经济、文化、宗教的差异和现实矛盾之中。就战争的制胜机理而言，战争的胜败就在战争的硬实力与软实力相互博弈的关系之中，硬实力是战争制胜的基础，软实力是对硬实力的运用，不管如何运用与连接，"以强胜弱"始终是战争的普遍规律。

对于毛泽东的战争规律理论，我们要用心把握如下四点。

第一，毛泽东不仅承认战争有规律，而且区分了战争的层次。与中国共产党的战争指导相关联，毛泽东将战争及战争规律区分为三个相互关联的层次，即战争及战争规律、革命战争及革命战争规律、中国革命战争及中国革命战争规律。这三个层次的规律，用黑格尔哲学的表达方式就是普遍规律、特殊规律、个别规律。一般战争规律，指的是战争普遍规律，它是包括正义战争和非正义战争、阶级战争和民族战争等各种类型的战争中敌我双方对抗的最一般规律。革命战争规律，包括阶级革命战争规律和民族革命战争规律，它是以阶级革命战争反对阶级反革命战争、民族革命战争反对民族反革命战争中存在的规律。相对于一般战争规律，革命战争规律则是特殊的战争规律。中国革命战争规律，则是在中国这个半殖民地半封建的国度中国人民进行的阶级革命战争和民族革命战争中存在的个

第四章　研究掌握战争大海中的游泳术

别规律，相对于一般战争规律和革命战争的特殊规律，中国革命战争规律则是战争的个别规律。毛泽东为什么要区分一般战争及战争的普遍规律、革命战争及革命战争的特殊规律、中国革命战争及中国革命战争的个别规律呢？因为当时在党和红军队伍中存在着三种认识，严重干扰着党和红军对中国革命战争的正确指导。一种意见认为，"只要研究一般战争的规律就得了"，因为不管什么战争，都遵守战争的一般规律，我们只要学习一般的、通用的军事理论，哪怕是我们的敌人的军事理论，按照这样的军事理论指导我们的战争，同样是可行的，因为都是"过去流过血得来的东西"[1]。其实，革命战争与反革命战争、侵略战争与反侵略战争遵循着不同的规律，如果我们"一模一样地照抄来用，丝毫也不变更其形式和内容，就一定是削足适履，要打败仗"。"我们固然应该尊重过去流血的经验，但是还应该尊重自己流血的经验。"[2]又有一种意见认为，"只要研究俄国革命战争的经验就得了"。中国革命战争和俄国革命战争都是革命战争，都遵循革命战争规律，而且，苏联内战胜利了，照着苏联内战的指导规律和苏联军事机关颁布的军事条令去做就够了。这种意见忽视了苏联内战和苏联红军的特殊性，以及这种特殊性造成的苏联内战规律的特殊性，如果我们照搬照抄，同样是削足适履，是要打败仗的。我们固然需要

---

[1]《毛泽东选集》第1卷，人民出版社1991年版，第172页。
[2]《毛泽东选集》第1卷，人民出版社1991年版，第172页。

《中国革命战争的战略问题》精学导读

尊重和借鉴苏联的经验，还应该尊重中国革命战争的经验，因为中国革命和中国红军有自己的特殊性，需要特殊的战争指导。还有一种意见认为，1926年至1927年的北伐战争的经验是最好的，这就是长驱直入和夺取大城市。这种意见是错误的，"北伐战争的经验是应该学习的，但是不应该刻板地抄用，因为我们现时战争的情况已经变化了"①。北伐战争是与受到外国列强支持的旧军阀作战，现在是与代表大资产阶级和大地主的新军阀做斗争；北伐战争时期，正是国共合作的时候，现在是国共合作被国民党右派破坏了的时期；北伐战争时期中国共产党没有自己的军队，现在有了自己的军队；北伐战争时期共产党只是"配角"，现在成了"主角"。因此，"我们只应该采用北伐战争中那些在现时情况下还能适用的东西，我们应该按照现时情况规定我们自己的东西"②。

第二，毛泽东提出了研究战争规律的根本方法：从战争中研究战争，从战争中学习战争。这个方法对于中国共产党及其军队尤为重要。毛泽东在《反对本本主义》中早就指出，"中国革命斗争的胜利要靠中国同志了解中国情况"③。在《中国革命战争的战略问题》中，毛泽东强调：中国革命战争的胜利，要靠中国共产党和中国红军的战争智慧。这就要求全党全军的同志，重视"本本"，学习理论，但不要迷信"本

---

① 《毛泽东选集》第1卷，人民出版社1991年版，第172—173页。
② 《毛泽东选集》第1卷，人民出版社1991年版，第173页。
③ 《毛泽东选集》第1卷，人民出版社1991年版，第115页。

第四章　研究掌握战争大海中的游泳术

本",照搬理论。指导战争,当然要学习"本本"上的理论,因为"本本"的军事理论是前人或今人做的关于战争的总结,那里有生命和鲜血换来的经验。但是,要想成为"有大的作用的战争指导者",就必须用自己的战争实践考验、检验这些理论,汲取精华,去其糟粕,并用自己的实践经验丰富和发展理论。所以毛泽东强调:"读书是学习,使用也是学习,而且是更重要的学习。从战争学习战争——这是我们的主要方法。"[1]

第三,毛泽东还提出并分析了"战争规律"与"战争指导规律"的关系。战争就像一个棋局,对弈过程复杂多变,充满偶然性,但偶然性中存在必然性。毛泽东指出:"熟识敌我双方各方面的情况,找出其行动的规律,并且应用这些规律于自己的行动。"[2]敌我双方对于开战、应战、胜战的认识和行动中存在的内在的、本质的、必然性联系,就是战争规律。由于它是敌我双方的事,因而对于任何一方来说,都是客观的,不以人的主观意志为转移的。但是,正因为战争有规律,才有战争指导规律。战争指导规律,是战争指导者依据对于战争规律的认识和把握,应用于自己的战争实践而谋求战争胜利的基本法则和战略战术。所以毛泽东说:"指导战争的规律,就是战争的游泳术。"[3]到了《论持久战》,毛泽东更加明确地指

---

[1]《毛泽东选集》第 1 卷,人民出版社 1991 年版,第 181 页。
[2]《毛泽东选集》第 1 卷,人民出版社 1991 年版,第 178 页。
[3]《毛泽东选集》第 1 卷,人民出版社 1991 年版,第 183 页。

出：":作为战争指导规律的战略战术,就是战争大海中的游泳术。"[1]可见,所谓"战争指导规律",就是"战略战术"。毛泽东还说:"研究带全局性的战争指导规律,是战略学的任务。研究带局部性的战争指导规律,是战役学和战术学的任务。"[2]任何战略战术,都是对于自己的敌人所制定的长远军事目标及其实现的军事路线和军事力量运用。正确的战略战术必须是基于对战争规律的正确认识和敌情、我情的全面把握。于是,问题就变得清楚起来,战争指导规律就是战争指导者对已知战争规律的遵守和利用所应当遵循的基本原则。这里存在两个层次的关系:首先,就特定的战争指导者而言,其战争指导就是对已知战争规律的遵循和利用,其战争指导的战略战术就是战争指导规律。一般战争规律是本原,是基础,是前提,没有对一般战争规律的认识和遵循,这样的指挥员就只能是乱撞乱碰的鲁莽家,是不可能不吃败仗的。只有正确认识并创造性地遵循战争规律,才有胜利的前提、基础和可能性。遵循规律的行为本身就是规律。其次,一方的战争指导规律,即战略战术,对另一方而言,就是规律。认识对手的战争指导规律,是战胜对手的前提和基础。所以毛泽东说,一个有经验的指挥员,"他摸熟了自己的部队(指挥员、战斗员、武器、给养等等及其总体)的脾气,又摸熟了敌人的部队(同样,指挥员、

---

[1]《毛泽东选集》第2卷,人民出版社1991年版,第478页。
[2]《毛泽东选集》第1卷,人民出版社1991年版,第175页。

第四章　研究掌握战争大海中的游泳术

战斗员、武器、给养等等及其总体）的脾气，摸熟了一切和战争有关的其他的条件如政治、经济、地理、气候等等，这样的军人指导战争或作战，就比较地有把握，比较地能打胜仗"。这是在长时间内"认识了敌我双方的情况"，"找出了行动的规律"，"解决了主观和客观的矛盾"的结果。[①]因此，不同的战争有不同的战争指导规律。

第四，"战争规律是发展的"[②]。战争规律发生和存在的条件是变化的，因而"战争规律是发展的"。"战争情况的不同，决定着不同的战争指导规律。"[③]从时间上说，不同历史阶段的战争各有特点，其战争规律也各有特点，不能把某一历史阶段中的战争规律刻板地运用于不同的阶段。从战争的性质上看，革命战争和反革命战争、侵略战争和反侵略战争各有其特点和特殊规律，同样不能刻板挪用。从地域上看，各个国家各个民族各有特点，比如大国家大民族与小国家小民族差别巨大，其战争规律也差别巨大，不用刻板移用。总之，"一切战争指导规律，依照历史的发展而发展，依照战争的发展而发展；一成不变的东西是没有的"[④]，我们必须反对战争指导上的机械论。

[①]《毛泽东选集》第 1 卷，人民出版社 1991 年版，第 180—181 页。
[②]《毛泽东选集》第 1 卷，人民出版社 1991 年版，第 170 页。
[③]《毛泽东选集》第 1 卷，人民出版社 1991 年版，第 173 页。
[④]《毛泽东选集》第 1 卷，人民出版社 1991 年版，第 173—174 页。

二、把握战争全局的指导规律

指导战争，必须关注和照顾好战争全局，把握好"全局性的战争指导规律"，即战略指导规律。毛泽东强调，"战略问题是研究战争全局的规律的东西"，"凡属带有要照顾各方面和各阶段的性质的，都是战争的全局"①。为了说明研究战争全局对于各级指挥员的重要性，毛泽东将战争问题区分为战略问题、战役问题、战术问题三个层次，将指挥员也相应区分为三个层级，即战略指挥员、战役指挥员、战术指挥员（或战斗指挥员）。②从战争整体上看，战略问题是战争最高层级的问题，战术是最低层级的问题，而战役则是处于高低两级之间的中间层级的问题。可见，战略就是对战争全局关系的谋划、协调和控制。

战略问题，既是个军事学问题，也是个哲学问题，所以，即使在一流的军事家、军事思想家那里，也存在理解上的重大分歧。据法国学者布鲁诺·科尔森考证，"战略"这个术语是法国人乔利·德·梅齐乐首次使用的，他用"战略"这个词来表达"大战术"。到1799年，普鲁士人迪特里希·冯·比洛在其著作中对"战略"这个词的使用比较频繁，法国军事学家若米尼从他这里将"战略"一词再次引入法国，并对战略和

---

① 《毛泽东选集》第1卷，人民出版社1991年版，第175页。
② 军事教科书上通常从战争规模层次上表述为战略、战役、战斗三层次；从对战争指导层级上区分为战略和战术两个层次。

第四章 研究掌握战争大海中的游泳术

战术做了对比性的理解。若米尼认为，"战略是发生在地图上，研究整个战争区的艺术"，战术则是"军队在战场上的机动以及投入攻击的各种部署"。换句话说，"战术是发生冲突的实地作战和根据当地条件配置兵力的艺术，是在战场上各点使用兵力的艺术"。[1]他也提出"大战术"概念，从他论述的大战术所要关注的问题看，他的大战术实际上指的是战役问题。也有人将战略称为"大规模战争的艺术"[2]。拿破仑认为，"战略是作战计划的艺术，战术则是战斗的艺术"[3]。他和若米尼一样，都只把战略理解为"作战计划"或地图上的运作，实际上没有抓住战略的全局性本质，因为战争的任何层级的行动都必须有计划。克劳塞维茨和拿破仑一样，也强调计划与战略的联系，但他认为，战略是根据战争目的而有计划地确定一系列不同的战役与战斗。这种理解更具有全局性意义，所以他认为战略"是为战争的目的而对交战的使用"[4]。值得我们注意的是，克劳塞维茨对战略的理解受到李德·哈特的批评。哈特认为，克劳塞维茨对战略理解的一个重要错误是把会战当作

---

[1]〔法〕若米尼：《战争艺术概论》，唐恭权译，华中科技大学出版社2023年版，第54页。

[2]〔法〕拿破仑·波拿巴：《拿破仑论战争》，布鲁诺·科尔森编著，曾珠、郭琳、樊静薇等译，上海社会科学院出版社2016年版，第83页。

[3]〔法〕拿破仑·波拿巴：《拿破仑论战争》，布鲁诺·科尔森编著，曾珠、郭琳、樊静薇等译，上海社会科学院出版社2016年版，第79页。

[4]〔德〕卡尔·冯·克劳塞维茨：《战争论》上，时殷弘译，商务印书馆2016年版，第247页。

实践战略的唯一手段。[1]哈特认为，相比之下，毛奇的战略定义"比较清楚而聪明"。毛奇说："战略就是当一位将军想达到预定目的时，对于他所可能使用的工具，如何实际应用的方法。"[2]其实，毛奇的这一定义也容易模糊战略与战术的界限。哈特认为，更为准确的定义应当是："战略是分配和运用军事工具，以来达到政策目的的艺术。""当军事工具的运用，最后终于和实际战斗合而为一的时候，此时如何处理和控制那些直接行动的方法，遂被称作是'战术'。"[3]在西方军事思想的支配下，《简明不列颠百科全书》对战略的定义是"战略（strategy）——在战争中利用军事手段达到战争目的的科学和艺术"[4]。与此相对，对战术的定义是"战术（tactics）——计划和指挥战斗的艺术和科学"[5]。我国学者根据 21 世纪以来世界战争形态的变化实际，强调战略的更加丰富的内涵，试图既包括军事力量运用，也包括军事力量建设；既考虑筹划和指导战争，也考虑筹划和指导非战争军事行动。比如，我国军

---

[1]〔英〕李德·哈特：《战略论：间接路线》，钮先钟译，上海人民出版社 2010 年版，第 275 页。

[2]〔英〕李德·哈特：《战略论：间接路线》，钮先钟译，上海人民出版社 2010 年版，第 276 页。

[3]〔英〕李德·哈特：《战略论：间接路线》，钮先钟译，上海人民出版社 2010 年版，第 277 页。

[4]《简明不列颠百科全书》第 9 卷，中国大百科全书出版社 1986 年版，第 367 页。

[5]《简明不列颠百科全书》第 9 卷，中国大百科全书出版社 1986 年版，第 368 页。

第四章　研究掌握战争大海中的游泳术

事理论家肖天亮认为,"战略是对军事力量运用与建设全局的筹划和指导"[①]。笔者认为,尽管经过了近一个世纪,毛泽东对战略的理解仍然是经得起实践检验的。毛泽东的定义紧紧抓住了战略问题的本质——对战争全局性问题的规律性认识和谋划与指导,相对而言,战术则是对战略意图、原则的具体落实。毛泽东高出前人的地方在于:他始终把战略与战术的关系既当作军事问题也当作哲学问题来认识,而且,在毛泽东军事思想中,战略的一层含义是"战",即"战争",再一层含义是"略",即"方略""谋略",因而,战略是"道"——全局、规律、原则、原理,战术是"术"——局部的方法、手段的具体运用。这是毛泽东的战略战术观的过人之处。

毛泽东强调,不管是战略指挥员,还是战役指挥员或战斗指挥员,都必须了解战略上的指导规律。原因何在呢?

首先,"全局"与"局部"是相对而言的。就整个世界而言,世界是战争的一全局,一个国家则是战争的局部;就一国而言,一国可以是战争的一全局,而一区则是战争的局部;就一个独立的游击区或一个大的独立的作战方面而言,也可以视为战争全局,其内部都有若干个局部。也就是说,大有大的全局与局部,小有小的全局与局部,高有高的全局与局部,低有低的全局与局部,任何一级的指挥员都要处理好全局与局部的关系,这就是他面对的"战略问题"。毛泽东列举了中国革命

[①] 肖天亮:《战略学》(2020年修订),国防大学出版社2020年版,第12页。

《中国革命战争的战略问题》精学导读

战争中必须高度关注和解决的 39 个战略问题，涵盖战争部署、指挥、协调、保障和政治工作等各个方面，如照顾敌我之间的关系，照顾各个战役之间或各个作战阶段之间的关系，照顾有关全局的（有决定意义的）某些部分，照顾全盘情况中的特点，照顾前后方之间的关系，照顾消耗和补充、作战和休息、集中和分散、攻击和防御、前进和后退、隐蔽和暴露、主攻方面和助攻方面、突击方面和钳制方面、集中指挥和分散指挥、持久战和速决战、阵地战和运动战、本军和友军、军事工作和政治工作、过去的任务和现在的任务、现在的任务和将来的任务、国内战争和民族战争等等问题的区别和联系，也就是说，"把战争或作战的一切重要的问题，都提到较高的原则性上去解决"[①]。这就是战略研究和战略指导的任务。

其次，战争的全局与局部是相互联系、相互作用的。一方面，全局决定着局部，局部隶属于全局，"懂得了全局性的东西，就更会使用局部性的东西"[②]。另一方面，全局是由它的所有局部构成的，每个局部在全局中的地位不同，对全局的作用也不同，如果组成战争全局的多数或一两个有决定意义的战役失败了，就会引起战争全局的重大变化。因此，"战略胜利取决于战术胜利"的观点是片面的、错误的，因为这种观点没有看到战争胜败的主要的和首要的问题是"对于全局和各阶

[①]《毛泽东选集》第 1 卷，人民出版社 1991 年版，第 178 页。
[②]《毛泽东选集》第 1 卷，人民出版社 1991 年版，第 175 页。

第四章　研究掌握战争大海中的游泳术

段的关照得好或关照得不好"。如果全局和各阶段的关照出现重要缺点或错误，是一定会失败的。所谓"一着不慎，满盘皆输"，说的是"对全局有决定意义的一着"出现失误，而不是那无关紧要的一着。①毛泽东所说的"对全局有决定意义的一着"，比若米尼的"战略点"或"战略决定点"②具有更为丰富的内涵，它既指战场上的重要点位，也指战争过程中的某个或某些对于全局具有决定性的行动。

再次，全部与局部的关系贯穿于战争的全过程、各层次和各方面，各级指挥员的战略眼光、战略意识都必须全面贯穿在战争始终。战略与战役的关系是全局与局部的关系，战役与战术的关系也是如此。师的动作与团的动作的关系是全局与局部的关系，连的动作与排的动作、排的动作与班的动作，都是全局与局部的关系。因此，"任何一级的首长，应当把自己注意的重心，放在那些对于他所指挥的全局说来最重要最有决定意义的问题或动作上，而不应当放在其他的问题或动作上"。毛泽东为此提醒："指挥全局的人，最要紧的，是把自己的注意力摆在照顾战争的全局上面。……如果丢了这个去忙一些次要的问题，那就难免要吃亏了。"③

最后，毛泽东强调，懂得这一点对于一个指挥员来说实

---

①《毛泽东选集》第 1 卷，人民出版社 1991 年版，第 175 页。
②〔法〕若米尼：《战争艺术概论》，唐恭权译，华中科技大学出版社 2023 年版，第 68 页。
③《毛泽东选集》第 1 卷，人民出版社 1991 年版，第 176 页。

在是太重要了。一个指挥员，从会指挥小兵团到会指挥大兵团，这是一种进步；从得心应手地在一个地方指挥作战到得心应手地在许多地方指挥作战，这也是一种进步；从在战争的低级阶段会指挥，到战争的高级阶段也会指挥，这更是进步和发展了。在敌我双方的对抗中，敌我双方的技术、战术、战略、兵力、规模、地域等条件都在变化，如果一个指挥员抱着一技之长或一孔之见而不思应变，"只能适应于一定兵团、一定地方和战争发展的一定阶段，这叫做没有进步和没有发展"，也没有大的作用。"我们要求有大的作用的战争指导者"①，"大的作用"要求指挥员必须既懂得战略，也懂得战术，并善于通过自己的军事力量运用来实现战略与战术的统一。

三、提高战争的主观指导能力

马克思主义认为，自觉的能动性是人类的特点，毛泽东进一步强调，"人类在战争中强烈地表现出这样的特点"②。人在战争中的自觉的能动性，本质上是对战争规律的认识和应用，正是这一点成为造就出智勇双全的指挥员的哲学基础。

毛泽东尖锐地指出，战争史上多有这种人，他可能对战争的学问讲得头头是道，却打不了胜仗。原因何在？毛泽东认

---

① 《毛泽东选集》第 1 卷，人民出版社 1991 年版，第 173 页。
② 《毛泽东选集》第 2 卷，人民出版社 1991 年版，第 478 页。

第四章 研究掌握战争大海中的游泳术

为,关键在于他没有认识战争规律。战争规律是敌我双方斗智斗勇的"行动的规律"。我们要认识它,就必须"熟识敌我双方各方面的情况,找出其行动的规律,并且应用这些规律于自己的行动"[1],使自己的作战计划、军力部署、战略战术等主观性内容符合客观情况和客观规律。当然,由于战争的特点,真真假假、虚虚实实,又相互保密,要做到主观与客观完全符合是不易的、少有的,只要做到"指挥大体上适合情况,即在有决定意义的部分适合情况,那就是胜利的基础了"[2]。但无论如何,指挥员绝不能是乱撞乱碰的鲁莽家。认识了客观规律,何以能运用于自己的行动呢?我们知道,所谓规律就是一定的条件与结果之间的内在的、本质的、必然的联系,也就是说,一定的条件必然产生一定的结果。依据这一点,人们才能判断事物运动的趋势,特别是大趋势。然后,人们根据对事物发展趋势的判断,就可以根据需要维护或改变事物运动的趋势,控制事物朝着特定实践主体所需要的方向运动发展。维护或改变趋势的着力点就是维护或改变规律存在的主客观条件。所以,人们在客观规律面前的主观能动性不是去违背或改变规律,而是维护或改变规律存在的主客观条件,从而改变事物运动的未来趋势,使之与我们所需要的结果相一致。这样,人在客观规律面前,可以有两种主动作为、积极进取的形式:一是

---

[1]《毛泽东选集》第 1 卷,人民出版社 1991 年版,第 178 页。
[2]《毛泽东选集》第 1 卷,人民出版社 1991 年版,第 179 页。

上线形式——根据我们对规律的认识和对未来趋势的判断,通过创造主客观条件,占领斗争的制高点,获得能动性的决定性基础;二是下线形式——当我们陷入危机时,要根据客观规律存在的条件,创造条件,因势利导,"危"中寻"机",把坏事变成好事。

战争中的自觉能动性的一个重要表现就是作战双方的"主观指导的能力"。毛泽东深刻地揭示了战争的客观条件与指挥员主观指导能力的辩证关系,毛泽东说:"战争的胜负,主要地决定于作战双方的军事、政治、经济、自然诸条件,这是没有问题的。然而不仅仅如此,还决定于作战双方主观指导的能力。军事家不能超过物质条件许可的范围外企图战争的胜利,然而军事家可以而且必须在物质条件许可的范围内争取战争的胜利。军事家活动的舞台建筑在客观物质条件的上面,然而军事家凭着这个舞台,却可以导演出许多有声有色威武雄壮的活剧来。"[1]到了《论持久战》,毛泽东把这一关系集中概括为人与武器对于战争胜负的重要作用,毛泽东写道:"武器是战争的重要的因素,但不是决定的因素,决定的因素是人不是物。力量对比不但是军力和经济力的对比,而且是人力和人心的对比。军力和经济力是要人去掌握的。"[2]毛泽东的战争规律论和战争指导规律论,把战争中的唯物论和辩证法高度统一起来。

---

[1]《毛泽东选集》第1卷,人民出版社1991年版,第182页。
[2]《毛泽东选集》第2卷,人民出版社1991年版,第469页。

第五章　牢牢把握中国革命战争的特点

万事万物都是特殊的，用德国哲学家莱布尼茨的话说，世界上没有两片完全相同的树叶。战争的特殊性就更为鲜明，套用莱布尼茨的表达方式，我们完全可以说：历史上没有两场完全相同的战争。因此，指导中国革命战争，不仅要研究战争及战争指导规律，革命战争及革命战争指导规律，以及中国革命战争及中国革命战争指导规律，还必须进一步研究中国革命战争的特点，这样我们才能真正从中国革命战争的特点上具体、真切、深刻地认识中国革命战争规律，将我们对于一般战争、一般战争规律的认识与中国革命战争的特点结合起来，制定出指导中国革命战争的正确军事路线及其战略战术。

一、必须反对军事指导上的教条主义

战场局势千变万化，容不得半点机械论和教条主义。然而，在中国共产党及其红军的早期战争史中，却受到机械论和教条主义的深重影响和危害。

在中国共产党初创岁月，党内集中了中华民族的文化精英、政治精英和理论精英，他们熟知马克思主义基本理论，又有坚定的革命意志。然而，包括党的主要创始人陈独秀在内的一些党的理论家、"笔杆子"，如自称"百分之百布尔什维克"的王明、博古、张闻天、凯丰等，依仗莫斯科中山大学的马克思主义"正统"学脉，轻视甚至蔑视毛泽东等一批在革命实践中锤炼出来的土生土长的马克思主义理论家，一而再，再而三地搞教条主义，当他们对革命形势做出不切实际的乐观评估时，照搬苏联的"条条"或经典作家的"本本"，极力推行"左"倾冒险主义；而当党和红军遭受严重挫折时，又走向另一个极端，实行右倾机会主义。教条主义的根本特征是思维上的片面性和实践上走极端。

教条主义通常与理论思维特性相关。建构理论、用理论指导实践，是人在客观世界面前自觉能动性的根本表现。但理论及理论思维也有局限性。理论思维具有纯粹性、理想性和应然性，它把复杂的事物简单化、混沌的事物清晰化、不纯粹的事物纯粹化、不理想的事物理想化，只反映事物的本质特征及其规律性，以概念形式将现实事物构建成一般性、理想性和应然性存在。如果不如此，人们其实是无法把握现实事物的，即使把握了也没有多大的意义。然而，当人们按照理论要求改造现实时，如果忽视现实事物的复杂性、多维性、模糊性和过程性，用理论的纯粹性、理想性、应然性对待事物，企图一步到位，"毕其功于一役"，就会走向激进主义，犯"左"倾机会主义错误。当实践受到严重挫折时，他们往往又会怀疑理论，走

第五章　牢牢把握中国革命战争的特点

向另一个极端——右倾机会主义。比如红军的第五次反"围剿",从拼命主义到逃跑主义,就是王明、博古这些所谓的"理论家"主导中央工作的结果。在第二次国共合作前后,王明从统一战线建立前的"左"倾关门主义,走向统一战线建立后的"一切经过统一战线、一切服从统一战线"的右倾机会主义,就是教条主义的恶果。

如何处理好理论与实践、理想与现实、长远目标与阶段性目标的关系,关键是要把应然性与可能性统一起来,使理论所要求的理想的实现建立在现实条件许可的基础上,当条件不具备或不完全具备时,就必须退让或妥协。列宁说过,"应当把对共产主义思想的无限忠诚同善于进行一切必要的实际的妥协、机动、通融、迂回、退却等等的才干结合起来"①。历史上,第二国际的理论家考茨基、奥托·鲍威尔、普列汉诺夫等,他们都通晓马克思主义、信仰社会主义,"他们完全认识到必须采取灵活的策略,他们自己学习过并向别人传授过马克思的辩证法(他们在这方面的著作,有许多东西永远是社会主义文献中有价值的成果),但是他们在运用这种辩证法的时候……竟成为这样的非辩证论者"②。"速度"无疑是达成目的所盼望的,在条件允许的范围内,当然是越快越好。但绝不能"过",中国古人早就警示人们"过犹不及""欲速则不

---

① 《列宁专题文集:论无产阶级政党》,人民出版社2009年版,第259页。
② 《列宁专题文集:论无产阶级政党》,人民出版社2009年版,第266页。

达"。所以列宁告诫苏俄共产党人："共产党人要竭尽全力来指导工人运动以及整个社会发展沿着最直最快的道路走向苏维埃政权在全世界的胜利，走向无产阶级专政。这是无可争辩的真理。然而，只要再多走一小步，看来像是朝同一方向多走了一小步，真理就会变成错误。"①

中国革命历史上的"左"倾机会主义或右倾机会主义，总是不是向"左"就是向右"多走一步"。"左"倾不像右倾容易鉴别，"左"倾很容易迷惑人，给人的印象似乎是"越左越革命"，所以反"左"也成为极其困难的事情。革命成功需要的是"正道"——既不"左"，也不右。怎样才能防止跑偏走邪呢？最关键的是两条：其一，坚持把马克思主义基本原理与中国具体实际相结合，走适合中国国情的道路；其二，坚持实践标准，用实践检验我们的路线方针政策，一切有利于革命成功的东西，都是正确的，反之，则是错误的。有了这两条，就能使我们从根本上摆脱教条主义，既防"左"，也防右。所以列宁说："政治与其说像算术，不如说像代数，与其说像初等数学，不如说更像高等数学。"②政治要的结果是正当的目的和目标，政治人物的能力和水平集中体现在，在代数方程式结果一定的条件下找到正确的"未知数"。

---

① 《列宁专题文集：论无产阶级政党》，人民出版社2009年版，第267页。
② 《列宁专题文集：论无产阶级政党》，人民出版社2009年版，第266页。

二、中国革命战争的主要特点

毛泽东通过总结红军十年战争史,尖锐地指出:"不承认、不知道、或不愿意知道中国革命战争有其特点的人,把红军对国民党军队的作战,看做和一般战争相同,或和苏联内战相同"[1],机械地照搬这些理论和经验,是红军十年血战史的最惨痛教训。好在我们的敌人也犯过类似的错误,他们不承认和红军作战有和其他对手作战不同的战略和战术,依仗着自己多方面的优势,轻视红军,固守其老一套的战法,所以从第一次到第四次的对党和红军根据地的"围剿"都失败了。据此,毛泽东斩钉截铁地指出:"不了解中国革命战争的特点,就不能指导中国革命战争,就不能引导中国革命战争走上胜利的途径。"[2]

毛泽东从中国社会的宏观视角,分析了中国国内革命战争的四个主要特点,为理解和确立中国革命战争的战略战术提供了主要根据。

第一个特点,中国是一个政治经济发展不平衡的半殖民地的大国,而又经过了1924年至1927年的大革命。首先,中国是一个政治经济发展不平衡的落后大国。就国内的情况而言,具体表现为六个"同时存在":微弱的资本主义经济和严

---

[1]《毛泽东选集》第1卷,人民出版社1991年版,第186页。
[2]《毛泽东选集》第1卷,人民出版社1991年版,第187页。

《中国革命战争的战略问题》精学导读

重的半封建经济同时存在；近代式若干工商业都市和停滞着的广大农村同时存在；几百万产业工人和几万万旧制度统治下的农民和手工业工人同时存在；管理中央政府的大军阀和管理各省的小军阀同时存在；隶属蒋介石的所谓中央军和隶属各省军阀的杂牌军同时存在；若干的铁路航路公路和普遍的独轮车路、只能用脚走的路和用脚还不好走的路同时存在。就中国与外国的关系而言，中国是一个半殖民地国家，并且不是被一个帝国主义国家殖民，而是受到多个帝国主义国家的瓜分和支配，"帝国主义的不统一，影响到中国统治集团间的不统一"[①]，这就决定了帝国主义国家之间、管理中央政府的大军阀与管理地方政府的小军阀之间、隶属于蒋介石所谓的中央军与隶属于各省军阀的杂牌军之间，既不能对中国的广大地区形成统一的统治，也不能形成一股力量、一个拳头来对付共产党和红军。其次，中国是一个大国，地大物博，虽然工业不发达、城市不发达，但有广大的农村和期待翻身解放的农民，对于中国革命，可谓"东方不亮西方亮，黑了南方有北方"，这就为工农武装割据政权的存在提供了可能，也给党和红军以巨大的战略回旋空间，中国工农红军可以进行二万五千里长征，与敌人进行大范围周旋，这在小国是无法做到的。再次，中国经过了以北伐战争为主要内容的大革命，完成了三个历史性准备：一是红军的种子。红军在革命路上，"把小孩子从猪狗不如的生活中解

[①]《毛泽东选集》第1卷，人民出版社1991年版，第189页。

第五章　牢牢把握中国革命战争的特点

救出来,给他饭吃,教他念书,让他当通信员或卫生员,他们自然地成为共产主义的信仰者"①。特里尔由此认为,"共产主义中国的理想诞生于长征的血、汗和冰雪之中",参与过长征的"战士们都是理想主义者"②。二是红军的领导者共产党。党给了红军以崇高理想,红军自觉置于党的领导之下,成为党完成政治任务的武装集团。三是经历过一次革命的民众,从参加共产党领导的革命中切身感受到革命对于他们翻身解放的意义。毛泽东认为,仅此一点,"不但基本地规定了我们政治上的战略和战术,而且也基本地规定了我们军事上的战略和战术"③。

第二个特点是敌人的强大。毛泽东在这里明确指出,中国阶级革命战争,"红军的敌人是国民党"。国民党掌握着国家政权,掌管着全国的人财物,得到美、英、法、德等全世界主要反革命国家的援助,它的军队有国家保障。"二次北伐"成功之后,国民革命军名下的军队有84个军约300个师,共220万人,除此之外,还有东北、四川及云南等地的地方武装。1936年前后,国民党政府通过"以货易货"方式从德国购得一批武器,利用这批装备,蒋介石组建了20个"调整

---

① 〔美〕罗斯·特里尔:《毛泽东传》,何宇光、刘加英译,中国人民大学出版社2010年版,第189页。
② 〔美〕罗斯·特里尔:《毛泽东传》,何宇光、刘加英译,中国人民大学出版社2010年版,第173页。
③ 《毛泽东选集》第1卷,人民出版社1991年版,第189页。

《中国革命战争的战略问题》精学导读

师",按计划每师下辖2个旅4个步兵团,1个骑兵团,1个炮兵团,另有工兵、辎重各1个营,特务、卫生、通讯各1个连,野战医院1所,总计13 854人;装备迫击炮24门、步兵炮24门、野战炮36门、重机枪75挺、轻机枪254挺、步枪6127支、马3508匹,成为国民党的精锐部队。1937年全面抗战爆发前夕,国民党陆军编有49个军、182个步兵师、46个独立旅、9个骑兵师及炮兵、工兵等特种部队,总兵力170余万人。海军总吨位约11万吨位,空军有飞机600余架,另外还有院校学兵。

第三个特点是红军的弱小。在庞大的国民党军队面前,共产党的军队实在太弱小了。经过五次"围剿"与反"围剿",到长征结束时,红军由30万人降到几万人,中央红军到达陕北时还剩下2万人。到1937年国共第二次合作正式达成时,由主力红军改编的八路军3个师总共4.6万人;南方红军游击队改编的新四军总兵力1.03万余人,加上地方红军、游击队和东北抗日联军,共产党领导的武装力量大约10万人[1],武器装备十分落后,一个形象的说法就是红军以"小米加步枪"对国民党军队的"飞机加大炮"。共产党建立的红色政权分散在孤立的山地或偏远地区的乡村和小城市,而且是流动的,"红军没有真正巩固的根据地"。长征结束后,中央根据地主要

---

[1] 中共中央党史研究室:《中国共产党历史》第1卷下,中共党史出版社2002年版,第466—467页。

第五章　牢牢把握中国革命战争的特点

是以延安为中心的陕甘宁边区，共 20 个县，约 200 万人。根据地的经济条件和文化条件同国统区相比是落后的，红军的粮食、被服等物资保障十分困难。

第二、第三个特点综合起来说就是敌强我弱，这就决定了共产党领导的中国革命战争的战略指导必须是以弱胜强的战略战术。否则，无异于"以石击卵"或"飞蛾扑火"，自取灭亡。

第四个特点是共产党的领导和土地革命。中国工业不发达，城市不发达，农业、农村、农民是中国社会的绝对成分，这就必然产生一个决定性的事实：谁能动员起农民，谁就能赢得革命；谁能改造农民，谁就能改造中国。这个任务除了中国共产党没有任何阶级可以完成。孙中山新三民主义中的民生主义，"一曰平均地权；二曰节制资本"，这些"理想之饼"很快被国民党右派抛之脑后是必然的，因为国民党是资产阶级政党，国民党的"国民革命"是资产阶级革命，资本主义的发展必然要以牺牲农业、农村、农民为代价，这是所有资产阶级革命都证明了的历史必然。共产党理想目标的核心是人民解放，其根本举措是让一切生产资料回归到劳动人民手中，建立人民当家作主的新型政权，在这一根本理想与理想实现的途径上，中国无产阶级与农民阶级是一致的，因此，无产阶级是领导阶级，农民阶级是无产阶级的同盟军，两个阶级共同构成中国革命的生力军。中国共产党解放农民、动员农民、组织农民，让贫苦农民阶级跟着共产党闹革命的法宝就是土地革命，让土地这一中国社会的根本生产资料重新回归劳动人民手中，进而让他们成为中国社会的主人。有了中国工人阶级和贫苦农民阶级，中国共产党和中国革命战争就有了任何剥削阶级都无可奈何的强大力量。

三、中国革命战争的根本规律

在分析中国国内革命战争的主要特点的基础上，毛泽东提出了中国国内革命战争的根本规律，这就是：中国红军的可能发展和可能战胜其敌人，中国国内革命战争能胜；中国红军不可能很快发展和不可能很快战胜敌人，中国国内革命战争不可能速胜，如果指导不当，还可能失败。所有的战争指导都必须遵循这一根本规律。

中国国内革命战争能胜，这是由中国国内革命战争的第一个特点和第四个特点决定的。中国政治经济发展不平衡，虽然工人阶级还比较弱小，但农民是中国人口的绝大多数，中国农民受压迫十分深重，他们渴望得到土地，实现翻身解放，他们是中国工人阶级的天然同盟军，只要实行土地革命，就能"唤起工农千百万"，红军的发展是得天独厚的。中国是一个半殖民地国家，而且不是受到一个而是受到多个帝国主义国家的侵略，帝国主义国家之间的矛盾影响着中国统治集团的不统一，为中国共产党和红军利用帝国主义之间的矛盾和统治集团之间的矛盾提供了条件。中国是一个大国，长期的军阀混战与

第五章　牢牢把握中国革命战争的特点

割据造成政治统治的薄弱环节，给党和红军以任何小国都不具备的战略回旋空间，党和红军完全可以领导工农在广大的农村、山区和边区建立红色政权。毛泽东在大革命失败后的革命最低落时期，就写了《中国的红色政权为什么能够存在？》（1928年10月5日）、《井冈山的斗争》（1928年11月25日）、《星星之火，可以燎原》（1930年1月5日）等重要文章，深入论证了中国革命成功的主客观条件。他认为，中国有买办豪绅阶级间的不断的分裂和战争，"只要买办豪绅阶级间的分裂和战争是继续的，则工农武装割据的存在和发展也将是能够继续的"。要使革命成功的可能性变为现实性，还得同时创造下列五个条件：①有很好的群众；②有很好的党；③有相当力量的红军；④有便利于作战的地势；⑤有足够给养的经济力。[①]毛泽东以革命的乐观主义描述了当时的中国革命形势："它是站在海岸遥望海中已经看得见桅杆尖头了的一只航船，它是立于高山之巅远看东方已见光芒四射喷薄欲出的一轮朝日，它是躁动于母腹中的快要成熟了的一个婴儿。"[②]毛泽东以敏锐的政治眼光和科学的辩证思维，让党和红军在看到危难的同时看到希望，坚定信念，激发斗志，将革命进行到底。

中国国内革命战争不可能速胜，如果党的政治路线和军事路线出现失误，还可能招致失败，这是由中国国内革命战争

[①]《毛泽东选集》第1卷，人民出版社1991年版，第57页。
[②]《毛泽东选集》第1卷，人民出版社1991年版，第106页。

的第二个特点和第三个特点决定的。红军的敌人——国民党军队过于强大，而红军过于弱小。必须有一条正确的政治路线和正确的军事路线，才能把有利于党和红军的政治条件、社会条件和自然条件利用好、维护好、发展好，把客观条件造成的中国国内革命战争胜利的可能性变成现实性。做不到这一点，失败随时都可能到来。因此，对于中国国内革命战争必须有持久作战的准备，任何急躁冒进的想法和做法都是错误的，都不可能如愿以偿。

　　毛泽东创造性地提出了中国国内革命战争的根本规律对非根本规律具有派生性作用的思想。他强调：中国国内革命战争的其他许多规律"都是从这个根本的规律发生出来的"[1]。中国国内革命战争能胜，党和红军的存在和发展、革命战争的取胜有许多有利条件，纵然会遭遇千难万险，甚至严重挫折，我们也用不着心灰意冷，悲观失望，而应当坚定信念，千方百计地去克服困难，壮大革命力量，夺取战争胜利。中国国内革命战争不能速胜，极度的敌强我弱的力量对比，使革命战争胜利有着非常不利的条件，不容许红军采取战略进攻，只能实施战略防御；不容许红军与敌人打正规战、阵地战、堡垒战，只能与敌人打游击战、运动战，如此等等，所有的战争指导都必须建立在中国国内革命战争的根本规律之上，在尊重这一规律的前提下最大限度地发挥战争指导的聪明才智，去争取每一场

---

[1]《毛泽东选集》第1卷，人民出版社1991年版，第191页。

战役战斗的胜利。

四、中国革命战争的指导路线及其战略战术原则

中国国内革命战争的主要特点及其所决定的中国国内革命战争的根本规律,"规定了中国革命战争的指导路线及其许多战略战术的原则"①。这里所说的"指导路线"就是"军事路线",它是军事的战略目标以及为实现这一目标而对军事力量使用的战略方向、战略全局和根本方略的总体安排。军事路线规定着战略战术。

在中国共产党的革命历史上,一直存在着不同军事路线及其战略战术的分歧和争论,但凡错误的军事路线支配着党和红军时,革命事业就会遭受损失,革命道路就会出现曲折。大革命失败后,红军到底是走农村包围城市武装夺取政权的道路,还是走夺取中心城市的道路,即"上山"还是"攻城",构成两条军事路线的根本分歧,由此派生出两种完全不同的战略战术。历史证明,以毛泽东为代表的"上山"路线,开辟了革命根据地,特别是开辟了中央革命根据地,才使党和红军有了战略立足点。在土地革命战争时期,纠正了陈独秀的右倾机会主义错误,却出现了临时中央的"左"倾盲动错误,党刚刚遭受国民党右派反革命叛变造成的重大挫折,当1927年10月

---

① 《毛泽东选集》第1卷,人民出版社1991年版,第191页。

《中国革命战争的战略问题》精学导读

下旬国民党新军阀之间爆发宁汉战争时，临时中央却于1927年10月23日发出《中国共产党反对军阀战争宣言》，不自量力地提出："我们应当反对一切军阀的战争！""我们应当推翻一切军阀。""我们应当使这种军阀战争变成劳动民众反对一切军阀地主豪绅资产阶级的革命战争，变成反对一切压迫剥削以及帝国主义的战争。"[①]10月底，临时中央召开政治局常委会议，对革命形势作出不切实际的判断，盲目提出：党应当汇合全国各地暴动为"总暴动"，像十月革命一样，一举推翻一切军阀统治和国民党政权，建立全国苏维埃政权。

1929年到1930年，国民党统治集团的矛盾进一步分化，临时中央更加盲目冒进。从1929年春开始，国民党新军阀之间先是爆发蒋桂战争，接着爆发中原大战。李宗仁、阎锡山、冯玉祥、张发奎、俞作柏、唐生智、石友三等地方实力派军阀，发动反蒋战争，双方投入兵力超过100万，涉及中原和华南广大地区。在此形势下，李立三等不是借机迅速扩大党和红军，而是认为全国革命形势已经成熟。1930年6月11日，中共中央召开政治局会议，通过李立三亲自起草的《目前政治任务的决议》（即《新的革命高潮与一省或几省的首先胜利》）。决议认为，"中国经济政治的根本危机，在全国任何一处都是同样继续尖锐化，没有丝毫根本的差别"，"有极大的可能转变

[①] 中央档案馆：《中共中央文件选集》第3卷，中共中央党校出版社1983年版，第326页。

第五章　牢牢把握中国革命战争的特点

成为全国革命的胜利"。更为离谱的是，决议竟然认为，"空前的世界大事变与世界大革命的时机都在逼近到我们的前面了"，中国革命一爆发就会"掀起全世界的大革命"，中国革命将会在这场最后决战中取得完全胜利。基于这一认识，李立三对党内、军内的反对意见置若罔闻，执意制定并实施以武汉为中心的城市起义和集中全国红军攻打南京、上海、武汉等中心城市的军事计划和工人暴动计划。当7月下旬红三军团取得平江反攻作战胜利并乘虚攻占长沙后，李立三认为，"会师武汉"、"饮马长江"，以至夺取全国胜利的目标很快就能实现。随即成立中央总行动委员会，进行全党、全军的动员和部署。这一大规模的"左"倾冒险，给党和红军造成了惨重损失。红军在攻打大城市过程中，兵力大量减员，根据地丧失。浙江、湖南、湖北、福建、江苏、广东、山东、山西、河南等十几个国民党统治区的省委机关遭到严重破坏，武汉、南京等中心城市的党组织几乎全部瓦解，许多地区的武装暴动无一例外地遭到失败，大革命失败后党和红军刚刚获得的发展再次丧失殆尽。当红军取得了三次反"围剿"战争的胜利后，李立三给革命造成的累累伤疤尚未愈合，以王明为代表的"百分之百的布尔什维克"们开始极度膨胀起来，他们从根本上混淆民主革命和社会主义革命的区别与界限，企图超越民主革命一举夺得社会主义革命的胜利。王明把所有中间势力都当成"最危险的敌人"，固执于"城市中心论"，命令红军夺取中心城市，继续实施一省或数省首先胜利进而夺取全国胜利的战略。他蔑视游击战争的战略战术，采用所谓的正规战让弱小的红军与强大的敌人硬碰硬，当这种军事冒险主义遭到重挫后，又实行不计后果的拼命主义和逃跑主义。

中国国内革命战争十年血战史的正反面经验，成为毛泽东总结中国革命战略战术的宝贵资源。毛泽东在《中国革命战争的战略问题》中，通过总结红军十年血战的经验和教训，提出了 14 条中国革命战争战略战术的基本原则，这就是：①进攻时反对冒险主义，防御时反对保守主义，转移时反对逃跑主义；②反对红军的游击主义，却又承认红军的游击性；③反对战役的持久战和战略的速决战，承认战略的持久战和战役的速决战；④反对固定的作战线和阵地战，承认非固定的作战线和运动战；⑤反对击溃战，承认歼灭战；⑥反对战略方向的两个拳头主义，承认一个拳头主义；⑦反对大后方制度，承认小后方制度；⑧反对绝对的集中指挥，承认相对的集中指挥；⑨反对单纯军事观点和流寇主义，承认红军是中国革命的宣传者和组织者；⑩反对土匪主义，承认严肃的政治纪律；⑪反对军阀主义，承认有限制的民主生活和有威权的军事纪律；⑫反对不正确的宗派主义的干部政策，承认正确的干部政策；⑬反对孤立政策，承认争取一切可能的同盟者；⑭反对把红军停顿于旧阶段，争取红军发展到新阶段。这 14 条原则涉及基本战略、作战指挥、作战形式、后勤保障、部队作风、内部关系、干部政策、政治工作等方面，研究中国革命战争的战略问题，就是

第五章　牢牢把握中国革命战争的特点

要把为什么坚持、怎样坚持这些"原则问题"说清楚。①

毛泽东的研究者特里尔说:"马克思主义者常常绊倒在民族主义这块石头上。"②可是,毛泽东非但从未犯过这个错误,反而让马克思主义在中华大地上崛起一座理论和实践高峰,因为他找到并自觉运用了一条马克思主义方法论原则,这就是:把马克思主义基本原理同中国革命具体实际相结合,走适合中国国情的革命道路。

---

① 《毛泽东选集》第1卷,人民出版社1991年版,第191—192页。
② 〔美〕罗斯·特里尔:《毛泽东传》,何宇光、刘加英译,中国人民大学出版社2010年版,第181页。

第六章 制定中国革命战争的正确军事路线

在第二章"中国共产党和中国革命战争"的结尾，毛泽东写道："过去的革命战争证明，我们不但需要一个马克思主义的正确的政治路线，而且需要一个马克思主义的正确的军事路线。十五年的革命和战争，已经锻炼出来这样一条政治的和军事的路线了。"[1]在研究了中国革命战争的主要特点及其所决定的战略战术原则基础上，毛泽东在第四、第五章进一步对中国革命战争的军事路线进行了具体深入的研究。遗憾的是，由于突然爆发了西安事变，毛泽东、周恩来等党的主要领导人忙于协调积极抗日派与消极抗日派、反共派的关系，争取达成抗日民族统一战线，不得不停止这篇重要著作的写作，只写了第四章"'围剿'和反'围剿'——中国内战的主要形式"、第五章"战略防御"，计划中的"战略进攻"和"政治工作"等其他问题，没有来得及撰写。仅就军事路线而言，第四、第五章基本上是完整系统的。

---

[1]《毛泽东选集》第1卷，人民出版社1991年版，第186页。

第六章　制定中国革命战争的正确军事路线

一、内线作战中的外线作战

战场主动权是战争制胜的命脉和基本条件。正如《孙子兵法》所言,"故善战者,致人而不致于人"。战场上的敌我双方都在竭尽全力争取主动,因为一支军队一旦被包围,尤其是被强敌包围,就失去了主动权和自由权,必然陷入被动挨打的局面。然而,对红军来说,被包围、被"围剿",却是常态。如何打破包围和"围剿",变被动为主动,是中国革命战争指导者必须首先思考和解决的根本性问题。

毛泽东在第四章专门研究了中国国内革命战争的主要形式及其特点——"围剿"与反"围剿"的长期反复和攻防两种战斗形式的长期反复。[①]"围剿"与反"围剿"之所以会成为国内革命战争的主要形式,原因有如下两个方面:一方面,敌人是全国的统治者,红军只有"一点小部队",敌人急于彻底消灭红军,从一开始就对党和红军实施包围和"剿杀",即"围剿";另一方面,党和红军要生存、发展并完成改造旧中国、建设新中国的历史使命,必须打破包围,实施对局部敌军的反包围来战胜"围剿"。所以毛泽东说:"十年的红军战争史,就是一部反'围剿'史。"[②]"围剿"和反"围剿"将会是一个长期的反复的过程。总体上说,红军反"围剿"的胜

[①]《毛泽东选集》第1卷,人民出版社1991年版,第194页。
[②]《毛泽东选集》第1卷,人民出版社1991年版,第193页。

利，将经过两个阶段：第一个阶段，敌人以进攻反对红军的防御，红军以防御反对敌人的进攻；第二个阶段，敌人以防御反对红军的进攻，红军以进攻反对敌人的防御。任何一次反"围剿"往往都包括这两个阶段。"围剿"和反"围剿"的长期的反复，说的就是这种"战争和战斗形式的反复"，而不是战争和战斗内容的反复。①

认清中国国内革命战争的主要形式是"围剿"和反"围剿"，其特点是"围剿"和反"围剿"的长期反复和攻防两种战斗形式的长期反复，对于中国革命战争的战略指导具有基础性、支配性意义。其一，党和红军从事的国内革命战争是敌强我弱的战争，要取得战争的胜利，必须采用以弱胜强的战略战术。其二，党和红军从事的国内革命战争，是战略防御战争，必须按照战略防御来指导战争。其三，党和红军从事的国内革命战争必然是持久战，决不能盲目冒进。

战场上的主动与被动，始终是与实力联系在一起的，这就是马克思所说的，"物质力量只能用物质力量来摧毁"②。战争力量的优势是战场主动权和战争制胜的基础。然而，对于中国革命战争敌强我弱的总体情势，如何打破"围剿"而取得反"围剿"战争的胜利呢？毛泽东提出的指导方针就是"内线作战中的外线作战"，即：在反"围剿"作战指导的兵力部署

---

① 《毛泽东选集》第 1 卷，人民出版社 1991 年版，第 193 页。
② 《马克思恩格斯文集》第 1 卷，人民出版社 2009 年版，第 11 页。

第六章 制定中国革命战争的正确军事路线

上,必须通过运动战、游击战,穿插迂回或退却佯动,创造和寻找孤立之敌,对其实施突破包围和"围剿"。这就是恩格斯所说的,"你可能被迫退却,你可能被击败,但是只要你能够左右敌人的行动,而不是听任敌人摆布,你就仍然在某种程度上占有优势。而更重要的是,你的每个兵士和整个军队都将感到自己比对方高出一筹"[①]。

国民党军队以数倍于红军的兵力、武器装备远远优于红军的绝对优势"围剿"红军,国民党军队处于外线,红军处于内线,对于弱小的红军而言,如果始终处于"内线",是无法战胜敌人的。毛泽东认为,红军本来被强敌包围,处于内线的不利地位,通过运动战调动、分割、孤立、包围敌人,使敌人由外线而处于内线,形成"'围剿'中的围剿,封锁中的封锁"。如此一来,战场形势就发生了两个重大变化:首先是敌我力量对比发生了重大变化,由于把数量庞大的敌人分散、分割、孤立开来,在局部战场上,敌人由强变弱,而红军则由弱变强,敌人由优势变为劣势,红军则由劣势变为优势,红军才可能以数量上的绝对优势来歼灭敌人。其次是敌我双方进攻与防御的态势发生了易位,敌人由进攻转为防御,红军由防御转入反攻,形成防御中的进攻,弱势中的优势,被动中的主动。[②]

在"围剿"和反"围剿"的反复中,我们如何认识反

[①]《马克思恩格斯全集》第10卷,人民出版社1962年版,第289—290页。
[②]《毛泽东选集》第1卷,人民出版社1991年版,第224页。

《中国革命战争的战略问题》精学导读

"围剿"的胜利与失败呢？这个问题将涉及党和红军的革命信心和信念。红军的胜利，就是反"围剿"的胜利，包括战略胜利和战役胜利。反对一次"围剿"是一次战役，一次战役常常会出现大小数个以至数十个战斗，在一次"围剿"没有打破之前，即使取得了数个胜利，也只能是战斗的胜利，还算不上战役的胜利，只有彻底打破一次"围剿"，才能称得上是战役的胜利。同理，失败也是如此，比如，第五次反"围剿"的失败，就是战役失败。党和红军的国内革命战争的"根本的失败"或战略失败，就是"整个红军的覆灭"[1]。然而，这样的结果还没有发生过。第五次反"围剿"的失败，导致党、红军和根据地 90%的损失[2]，被迫进行"举国大迁移"，但这还是暂时的、局部的失败，红军的转移只能是战略退却，不是战略失败。"红军的战略退却（长征）是红军的战略防御的继续，敌人的战略追击是敌人的战略进攻的继续"[3]，原因在于红军没有实现由战略防御进入战略进攻。因此，"围剿"和反"围剿"的长期反复就表现为进攻与防御两种战斗形式的长期反复。由于一次反"围剿"有的时间很长，包括的战役、战斗较多，其中有胜有败，所以毛泽东专门提出要弄清楚什么是战略胜利和战略失败。论到敌人的失败，毛泽东写道："他们的战略失败，就是他们的'围剿'被我们打破，我们的防御变成了进攻，敌人转到防御地位，

---

[1]《毛泽东选集》第 1 卷，人民出版社 1991 年版，第 193 页。
[2]《毛泽东选集》第 1 卷，人民出版社 1991 年版，第 194 页。
[3]《毛泽东选集》第 1 卷，人民出版社 1991 年版，第 194 页。

第六章　制定中国革命战争的正确军事路线

必须重新组织才有再一次的'围剿'。"①显然，毛泽东认为，敌人的一次"围剿"被红军打破，就是他们战略失败，反过来说，红军打破一次敌人的"围剿"，就是一次战略胜利。

然而，"左"倾机会主义却不懂得中国国内革命战争的特点，看不出"围剿"与反"围剿"反复的特点和规律性，不懂中国革命及其战争的持久性，在接连遭遇"围剿"的情势下，仍然命令弱小的红军去攻打武汉，组织全国武装起义，企图迅速夺取全国胜利，哪有胜利的可能呢！1932年，蒋介石自任鄂豫皖三省"剿匪"总司令，调集大批军队向革命根据地发动第四次"围剿"，准备先进攻鄂豫皖、湘西革命根据地，成功之后再全力进攻中央革命根据地。7月，蒋介石先是调动30万军队进攻鄂豫皖革命根据地。驻扎于这一地区的红四方面军只有4.5万人，而作为中华苏维埃共和国临时中央政府副主席、鄂豫皖苏区中央分局书记兼军事委员会主席的张国焘却认为，无论国民党动员多少军队"都不堪红军一击"。他积极支持临时中央关于攻打中心城市、争取一省或数省首先胜利的冒险主义方针，坚持不停顿的进攻战略，以实现所谓威逼武汉的计划。结果，陷入敌人的三面包围，张国焘连续向中央告急。在前方指挥作战的周恩来、毛泽东、朱德、王稼祥电告张国焘：敌人对根据地分路合击，红军不能"固守一地求战太急"，而应诱敌深入，"在运动中选择敌人薄弱部分，猛烈打击

---

① 《毛泽东选集》第1卷，人民出版社1991年版，第194页。

与消灭敌人一点后，迅速转至另一方，以迅速、果敢、秘密和机动求得各个击破敌人，以完全粉碎四次'围剿'"[1]。此时的张国焘则由盲目轻敌变得惊慌失措，除留下少数部队坚守外，大部队离开鄂豫皖革命根据地向西转移，历尽千辛万苦，行程3000里[2]，进入川陕地区。从1932年12月到1933年1月，国民党调集近40万兵力，蒋介石亲自担任赣粤闽边区"剿匪"军总司令，采取"分进合击"方针，企图将中央革命根据地的红一方面军歼灭于黎川、建宁地区。毛泽东因为坚决反对临时中央的战略进攻路线而被扣上"纯粹防御路线"的帽子，还被解除红一方面军总政委职务。红一方面军在朱德、周恩来指挥下，顶住临时中央的冒进战略和批评指责，采取运动战，迷惑、调动、分散敌人，部署大兵团伏击敌人。经过黄陂、草台岗两战，共歼敌近3个师，俘敌1万余人，缴枪1万余支，打破了国民党军队对中央革命根据地的第四次"围剿"。第五次反"围剿"，面对国民党的50万军队对中央革命根据地的分路"围剿"，临时中央负责人博古等，盲目地将第五次反"围剿"的斗争视为"苏维埃道路与殖民地道路之间谁战胜谁"的决战，无视过去反"围剿"行之有效的积极防御方针，而主张"御敌于国门之外"的军事冒险主义方针，让仅有8万多兵力的红军主力采取"短促突击"的战术，与装备新型

---

[1] 中共中央党史研究室：《中国共产党历史》第1卷上，中共党史出版社2002年版，第351—352页。

[2] 1里=500米。

第六章 制定中国革命战争的正确军事路线

武器的国民党军的精锐部队打阵地战、堡垒战，与敌人拼消耗。正在这个时候，可谓天赐良机，发生了参加"围剿"红军的国民党军第十九路军公开宣布抗日反蒋，调转枪口向蒋介石集团反戈一击的事变。第十九路军联合国民党反蒋势力和共产党，于1933年10月26日，同福建省政府和工农红军代表在江西瑞金签订《反日反蒋的初步协定》。11月22日，以李济深为主席的中华共和国人民革命政府（通称福建人民政府）在福州成立，11月27日，与中共中华苏维埃政府签订了《闽西边界及交通条约》，相互停止军事行动，确定边界，并恢复交通贸易关系，事实上解除了对中央革命根据地的封锁，大量的生活用品、药品和军械等物资得以运往中央革命根据地。当第十九路军和福建人民政府遭到蒋介石军队的讨伐时，博古、李德等害怕丢失根据地，继续在内线作战，不主动配合第十九路军的反蒋斗争，还提出一些违反协议的口号，第十九路军最终被蒋介石的军队击败，福建人民政府也宣告解散，使党和红军"既丧失了与国民党内抗日反蒋派结成联盟的机会，也使红军丧失了借助这次事变打破第五次'围剿'的一个十分有利的战机"[①]。按照毛泽东的主张，这个时候已经不能在内线取得胜利，红军主力无疑应该突进到以浙江为中心的苏浙皖赣地区去，纵横驰骋于杭州、苏州、南京、芜湖、南昌、福州之间，

[①] 中共中央党史研究室：《中国共产党历史》第1卷上，中共党史出版社2011年版，第380页。

《中国革命战争的战略问题》精学导读

将战略防御转变为战略进攻,威胁敌之根本重地,向广大无堡垒地带寻求作战。当红军主力运动到这个地区,就能迫使进攻江西南部、福建西部地区的敌人回援其根本重地,既解江西根据地之围,也援助了福建人民政府。此计未被临时中央采用。等到打了一年之久的时候,虽已经不利于出浙江,但仍有向湖南中部突进,调动江西敌人至湖南予以消灭的可能。结果又错失最后的机会,只剩下长征一条路了。①

毛泽东认为,内线作战也有一个独特的优势或"优良条件",这就是"退却的军队能够选择自己所欲的有利阵地,使进攻的军队不得不就我范围"②。敌人包围我军,地形和人民对于他们来说是陌生的,而我军则熟悉地形,而且有人民的支持,能够获得及时准确的情报。有了"有利阵地",再加上"人民的条件"和"好打的敌人",如果指挥上不犯错误,就可以运用机动战术,突破敌人防线,对敌人一部实施反包围,这样,反"围剿"就有了制胜的把握。拿破仑把外线作战与内线作战的关系比作"圆周与直径"的关系,也有的军事家比喻为"弓箭与弦"的关系,马汉还把内线与外线比作一个三角形,内线就是在三角形之内,"从一点出发通向两个角的直线",这两条直线比三角形的任何一条边都要短得多。③大体意思是一

---

① 《毛泽东选集》第 1 卷,人民出版社 1991 年版,第 236 页。
② 《毛泽东选集》第 1 卷,人民出版社 1991 年版,第 207 页。
③ 〔美〕艾·塞·马汉:《海军战略:美国海军少将的传世之作》,刘霞译,文化发展出版社 2017 年版,第 8 页。

第六章 制定中国革命战争的正确军事路线

样的,包围者处于外线多个点位,兵力相对分散,从圆周上的某一点位机动到另一点位,距离相对较远,时间较长;相反,处于内线的军队,用拿破仑的话说"占据了直径范围",对周围任意一处发起攻击,距离更近,时间更短,兵力便于集中,更容易对敌人实施各个击破。拿破仑回顾在阿尔卑斯山一战的教训时说:我们的军队所占据的阿尔卑斯山形成一个95古里①的圆周,我们的敌人却占据了圆周的直径范围,我军把部队从左边调到右边需要二三十天时间,而敌人只需要三四天的时间就能接头集中,对我们发起进攻,用尽所有力量对我们实施各个击破。②马汉认为,"内线起到串联的作用,它的特征是以中央位置为中心,向四周串联或辐射,有利于在敌人力量分散的时候深入其中,从而在实施针对性击破的同时,牵制对方的兵力"。与外线部队相比,处于内线的部队,能"以远远超过敌人的速度,选取反方向的两条战线上的任何一点,集合自身兵力,使其发挥最大的作用"。③上述这些议论似乎科学精准,其实都过于理想化。也正因为如此,马汉想当然地认为,"内线则可以在面对敌人军队的时候,依靠交通线所占据

---

① 古里是法国历史上使用过现已废除的一种路程单位,根据使用场景分为古海里和古陆里,1古海里约合5.556公里;1古陆里约合4.445公里。此处使用的是古陆里,95古里约为422.28公里。

② 〔法〕拿破仑·波拿巴:《拿破仑论战争》,布鲁诺·科尔森编著,曾珠、郭琳、樊静薇等译,上海社会科学院出版社2016年版,第270页。

③ 〔美〕艾·塞·马汉:《海军战略:美国海军少将的传世之作》,刘霞译,文化发展出版社2017年版,第8页。

的优势先发制人，所以它的性质更倾向于进攻战线"①。若米尼认为，这种所谓的圆周与直径（或者半圆与半径）之说，"看起来像个几何公式，看似可靠，实际上却是在空想"，因为军事事件没有证实过这一理论。②

完全处于内线哪还有什么优势！处于内线的被包围的部队，尤其是被强大兵力包围，总体上是失去自由的。毛泽东认为，打破敌人的包围或"围剿"，必须经过精心选择、精心规划，分散敌人，诱引部分敌军进入有利于我的伏击阵地，然后快速歼灭之。

二、战略防御与战略进攻

战争中敌我双方角力的关系和态势有两种——进攻和防御，在战略层面上，就是战略进攻和战略防御。战略进攻是指军力处于明显优势的一方，为了快速取得战争的决定性胜利而对敌方采取的进攻性作战。战略防御则是军力总体上处于明显弱势的一方，为了"保存力量，待机破敌"③而采取的防卫性作战。防御分为战略防御与战术防御两个层次，战略防御是军

---

① 〔美〕艾·塞·马汉：《海军战略：美国海军少将的传世之作》，刘霞译，文化发展出版社2017年版，第9页。
② 〔法〕若米尼：《战争艺术概论》，唐恭权译，华中科技大学出版社2023年版，第97页。
③ 《毛泽东选集》第1卷，人民出版社1991年版，第197页。

第六章　制定中国革命战争的正确军事路线

事力量在战争全局上的防卫性使用态势及其方略,而战术防御则是战争的局部或战役、战斗中的军事力量的防卫性使用。一般说来,敌我双方都会使用防御和进攻。通常情况下,在战争的初期、中期、中后期,军力占优势的一方大都采取战略进攻模式,目的是迅速"消灭敌人";而军力劣势一方则采取战略防御模式,首要目的是"保存自己"。

在战争的长过程中,任何理性的指挥员都会视情况或防御,或进攻。克劳塞维茨说过,在战争过程中,"进攻的各阶段——即种种意图和被采取的种种行动——往往转变为防御作战,像防御计划转变为进攻一样常见"①。说到"防御",克劳塞维茨认为,防御有两个特点:"挡开"和"等待"。他认为,"防御的本质在于挡开攻击。这转而隐含等待之意,那对我们来说是防御的主要特性,也是它的首要好处"②。防御之"等待",是说"将主动权留给对手,等待他出现在我们的战线面前"③。在克劳塞维茨看来,从一定意义上说,防御是消极

---

① 〔德〕卡尔·冯·克劳塞维茨:《战争论》下,时殷弘译,商务印书馆2016年版,第758页。
② 〔德〕卡尔·冯·克劳塞维茨:《战争论》下,时殷弘译,商务印书馆2016年版,第538页。时殷弘译为"挡开攻击"是错误的,应当译为"避开攻击",从而与防御的"等待"特性相适应。《拿破仑论战争》的译者在翻译克劳塞维茨的这一论述时就译为"避开一击",参见〔法〕拿破仑·波拿巴:《拿破仑论战争》,布鲁诺·科尔森编著,曾珠、郭琳、樊静薇等译,上海社会科学院出版社2016年版,第264页。
③ 〔德〕卡尔·冯·克劳塞维茨:《战争论》下,时殷弘译,商务印书馆2016年版,第510页。

《中国革命战争的战略问题》精学导读

的，因为其目的在于"保存"，而进攻的目的则是积极的——"攻克"①。如果停留在这一认识上，就具有片面性了，因为只要我们深入思考防御的一方"等待"的目的是什么，就不能不发现，"等待"不是单纯的躲藏或躲避，而是"等待着敌人正好攻击到我们选定并部署好的位置"②，从而有了反攻的机会。正是在这个意义上，克劳塞维茨认为，"战争的防御形态依本性强于进攻形态"③。我们必须指出，克劳塞维茨对防御的意义强调过头了。

工业革命后，西方国家在军事战略上往往普遍崇尚战略进攻，战略进攻的军事路线是它们奉行侵略扩张的政治路线的派生物。在他们看来，"没有比进攻更好的防御，可以说最好的防御形式是威胁、是进攻"④。美国军事史专家杰弗里·帕克在研究了西方战争史后总结道："从古希腊装甲步兵发展到英国的鹞式飞机，战争已成为西方主宰世界的驱动力。西方的历史，无论是本国的还是海外的，都以强硬的、野心勃勃的大国们为争夺控制权而展开的竞争为中心，在竞争中，残忍者、

---

① 〔德〕卡尔·冯·克劳塞维茨：《战争论》下，时殷弘译，商务印书馆2016年版，第511页。
② 〔法〕拿破仑·波拿巴：《拿破仑论战争》，布鲁诺·科尔森编著，曾珠、郭琳、樊静薇等译，上海社会科学院出版社2016年版，第273页。
③ 〔德〕卡尔·冯·克劳塞维茨：《战争论》下，时殷弘译，商务印书馆2016年版，第511页。
④ 〔西班牙〕佩德罗·巴尼奥斯：《大国战略——世界是如何被统治的》，刘洋译，浙江人民出版社2021年版，第61页。

第六章　制定中国革命战争的正确军事路线

革新者和果断者取代了自满者、模仿者和优柔寡断者。"[1]若米尼毫不掩饰地认证战略进攻的好处，他写道："从精神观点和政治观点来看，进攻几乎都是有利的，因为它可将战火烧到他国，使自己国家免遭战火，减少敌人的资源增加本国的资源，提升本国军人士气，使敌人恐惧。"但他同时也认为，"进攻有利有弊"。[2]所以在战术上，对任何军事指挥员而言，进攻还是防御，往往是临机而用的。而在战略上，进攻与防御则是由战争力量的现实决定的。克劳塞维茨似乎是个例外，他还分析了进攻作战与防御作战各自的利与弊。他认为，进攻作战的有利条件是，"较易包围整个敌军并将它切断"，"可任意攻击整条防线上的任何一点，并以全部兵力去攻击"。相反，防御者则"被束缚在自己的阵位上，因而给进攻者展示了一个靶子"。然而，在交战过程中，"防御者较易同心攻击敌军各部分"，原因在于，"防御者依靠其自身进攻的力量和方向，处于更有利的地位去发动奇袭"。[3]综合起来看，克劳塞维茨虽然认为防御的目的是消极的，但是，"防御是进行战争的较强形态"[4]。在这一点上，拿破仑则持不同的观点。在拿破仑的战

---

[1]〔美〕杰弗里·帕克：《剑桥战争史》，傅景川、李军、李安琴译，吉林人民出版社1999年版，第590页。
[2]〔法〕若米尼：《战争艺术概论》，唐恭权译，华中科技大学出版社2023年版，第56—57页。
[3]〔德〕卡尔·冯·克劳塞维茨：《战争论》下，时殷弘译，商务印书馆2016年版，第514页。
[4]〔德〕卡尔·冯·克劳塞维茨：《战争论》下，时殷弘译，商务印书馆2016年版，第512页。

争经历中，进攻多于防御。他认为，"先于敌人行动、首先发起进攻比任何军事筹划都更具有优势"①。这是因为拿破仑从事的多是侵略战争。

毛泽东强调战略防御对于党和红军的极端重要性。他指出，大革命失败后，"敌人是全国的统治者，我们只有一点小部队"，面对敌人的疯狂"围剿"，"首先而且严重的问题，是如何保存力量，待机破敌。所以，战略防御问题成为红军作战中最复杂和最重要的问题"②。与上述我们提到的西方军事家相比，毛泽东对防御与进攻的利与弊的分析则更辩证、更理性、更客观。毛泽东认为，"防御战本来容易陷入被动地位，防御战大不如进攻战之能够充分地发挥主动权。然而防御战是能够在被动的形式中具有主动的内容的，是能够由形式上的被动阶段转入形式上内容上的主动阶段的"③。在如何争取防御作战的战场主动权问题上，毛泽东区分了两种防御观或两种性质的防御——积极防御和消极防御。"积极防御，又叫攻势防御，又叫决战防御。""消极防御，又叫专守防御，又叫单纯防御。"④积极防御和消极防御的根本区别在于：战术上，防御作战中有进攻，当战役或战斗出现有利于我而不利于敌的态势

---

① 〔法〕拿破仑·波拿巴：《拿破仑论战争》，布鲁诺·科尔森编著，曾珠、郭琳、樊静薇等译，上海社会科学院出版社 2016 年版，第 313 页。
② 《毛泽东选集》第 1 卷，人民出版社 1991 年版，第 197 页。
③ 《毛泽东选集》第 1 卷，人民出版社 1991 年版，第 223 页。
④ 《毛泽东选集》第 1 卷，人民出版社 1991 年版，第 198 页。

第六章 制定中国革命战争的正确军事路线

时,就应当不失时机地组织反攻。所以,反攻是积极防御的主要内容和标志。战略上,积极防御是为战略反攻、战略决战积极创造条件,所以毛泽东说:"所谓积极防御,主要地就是指的这种带决战性的战略的反攻。"[1]坚持积极防御,同时意味着反对消极防御。毛泽东明确指出:"无论古今中外,无论战略战术,没有不反对消极防御的。只有最愚蠢的人,或者最狂妄的人,才捧了消极防御当法宝。"[2]毛泽东强调,红军必须坚持战略防御,而且必须是积极防御。然而,在第五次反"围剿"中,博古、李德等就采取了消极防御路线,高喊"御敌于国门之外""不丧失寸土""不打烂坛坛罐罐"等口号,不懂得迂回与退却,搞单纯防御,"处处设防,节节抵御,不敢举行本来有利的向敌人后方打去的进攻,也不敢大胆放手诱敌深入,聚而歼之"[3]。结果却事与愿违,丧失了南方所有根据地,被迫仓促进行战略转移。防御中争取战场主动权不是不要退却,绝对反对退却表面上似乎在争取主动,实际上是被动的,因为敌强我弱。只有在需要和可能的时候,不失时机地组织反攻,才能夺取战场主动权。毛泽东认为,积极防御战略必须制定出"贯通全战略阶段乃至几个战略阶段的、大体上想通了的、一个长时期的方针"。这样的方针应该充分做到:防御时必须创造、寻找、把握住反攻的时机,反攻阶段必须计算到

---

[1]《毛泽东选集》第1卷,人民出版社1991年版,第215页。
[2]《毛泽东选集》第1卷,人民出版社1991年版,第199页。
[3]《毛泽东选集》第1卷,人民出版社1991年版,第198页。

《中国革命战争的战略问题》精学导读

进攻阶段,进攻阶段又必须计算到退却阶段,为的是从容应对战争进程中可能出现的大的战场态势的变化。① 有人为"左"倾冒险主义的军事上的战略进攻路线辩护,理由是:"革命和革命战争从发生到发展,从小到大,从没有政权到夺取政权,从没有红军到创造红军,从没有革命根据地到创造革命根据地,总是要进攻的,是不能保守的,保守主义的倾向是应该反对的。"②事实确实如此,如果革命阶级及其政党不主动革命,就没有革命,如果不主动进攻,就没有革命的胜利。毛泽东认为,这种说法在政治上是对的,但移到军事上就不对了。革命战争是进攻的,但必须有防御和退却,一味地反对防御而只管进攻,是一种非常幼稚的思想,必将招致失败。一个残酷的事实是敌强我弱,军事上的进攻战略必将招致失败。

三、战略退却与战略反攻

前面已经说过,积极防御与消极防御的区别在于两点:一是积极防御包含着必要时的退却或战略退却,而消极防御则没有退却或战略退却的战争计划;二是积极防御的退却,甚至战略退却,是为了反攻,最终是战略反攻,消极防御则不然。

作为积极的战略防御的可能甚至必要阶段的战略退却,

---

① 《毛泽东选集》第 1 卷,人民出版社 1991 年版,第 222 页。
② 《毛泽东选集》第 1 卷,人民出版社 1991 年版,第 195—196 页。

第六章　制定中国革命战争的正确军事路线

"是劣势军队处在优势军队进攻面前,因为顾到不能迅速地击破其进攻,为了保存军力,待机破敌,而采取的一个有计划的战略步骤"[①]。可见,战略退却的条件是我方在进攻之敌面前处于劣势,非但不能破敌,如不退却必遭失败;战略退却的目的是保存实力,待机破敌;战略退却的部署是,"选择自己所欲的有利阵地,使进攻的军队不得不就我范围"[②]。毛泽东形象地比喻道,两个拳师放对,聪明的拳师往往退让一步,而蠢人则其势汹汹,劈头就使出全副本领,结果却往往被退让者打倒。《水浒传》里的洪教头就不懂这一点,在柴进家要打林冲,一上来就满不在乎地连唤几个"来""来""来",退让的林冲一眼就看出他的破绽,一脚将其踢翻。这大概就是"为了前进而后退"的道理,实际效果可能就是列宁所说的"退一步,进两步"。第五次反"围剿"时,临时中央的负责人反对战略退却,他们的理由是退却会丧失土地,危害人民,政治上会产生不良影响。这种担心不是没有道理的,但问题在于,明知红军的弱小,却与强大的国民党军队直接对垒,毛泽东认为这无异于"乞丐"与"龙王"比宝。

当然,实施战略退却是有困难的。首先必须做好干部和人民的思想工作。反对战略退却的人们的意见,"看起来好像革命的'左'倾意见",有一定的迷惑性。毛泽东在这里提出

[①]《毛泽东选集》第 1 卷,人民出版社 1991 年版,第 203 页。
[②]《毛泽东选集》第 1 卷,人民出版社 1991 年版,第 207 页。

《中国革命战争的战略问题》精学导读

了两个认识问题的辩证法：其一，权衡利弊的方法论。不丢失土地、不危害人民，当然好，但问题是，我们根本没有能力抵挡数倍、数十倍于我的敌人的"围剿"和进攻，不退却，无异于等死或送死。这时的"玉石俱焚"思维，就是自觉自愿地葬送革命，这是绝对不可取的。我们虽然丢失点土地，人民一时受到损失和伤害，但相比于革命事业的成败，仍然是利大于弊。其二，认识得和失的辩证法。根据地的损失，人民的苦难，是暂时的。今天的损失是为了明天的不损失，今天的苦难是为了明天的幸福，"惧怕一时的不良的政治影响，就要以长期的不良影响做代价"①。如果军事上失败了，那就不是丧失土地的问题了，而是党和红军生死存亡的问题。相反，我们在战略退却中暂时丢失了部分土地，但我们战胜了敌人，不仅失去的土地可以失而复得，还能扩大根据地。"天下没有免费的午餐"，"革命运动所造成的丧失是破坏，而其取得是进步的建设"②。誓言"不丧失寸土"的人们，结果却"丧失了全部土地"。③

"战略退却的全部的作用，在于转入反攻，战略退却仅是战略防御的第一阶段。"④反攻是积极防御战略的核心和标志。"反攻"和"进攻"，就其作战的主动性而言，没有区

---

① 《毛泽东选集》第1卷，人民出版社1991年版，第212页。
② 《毛泽东选集》第1卷，人民出版社1991年版，第211页。
③ 《毛泽东选集》第1卷，人民出版社1991年版，第206、212页。
④ 《毛泽东选集》第1卷，人民出版社1991年版，第214页。

第六章　制定中国革命战争的正确军事路线

别，都是主动攻击敌人。但二者在作战过程中的时序不同，"反攻原则，是在敌人进攻时应用的。进攻原则，是在敌人防御时应用的"。在这个意义上，"反攻不完全是进攻"，它归属于防御范围。①就军事目标而言，反攻可分为战略反攻和战术反攻。所谓战略反攻，是原本弱势的一方，经过战略防御阶段的战役战斗的反复较量，在总体上由劣势而变为优势，转而对战略进攻之敌发起的全面反击。就其战略目标、规模和力度而言，战略反攻也可以称为战略进攻，之所以称为战略反攻，只是就战略防御一方实施的时序或战争攻防角色转换而言。战略反攻的目的是与敌人进行胜败的战略决战，因而，战略反攻被军事家称为战略防御的最后阶段。

　　实施战略退却必须把握好退却的时机和终点，为反攻创造条件和时机。退却过早和过迟，都会造成损失，尤其是过迟，损失会比过早还要大。时机的恰到好处，全在于收集情报，判断大势，瞅准敌我态势允许我退出到有利地区，以便形成以逸待劳、准备反攻的条件时，则应当机立断。退却的终点与反攻的条件相联系。退却不仅是为了避敌锐气，更是为了在退却中造成和发现敌人的过失。为此，我们很难为退却设定终点，有时退到我们设定的某个地区，我们仍"无隙可乘"，就不得不再退几步，一直到发生可乘之"隙"。这里所说的可乘之"隙"，就是具备了有利于我反攻的条件。毛泽东列举了六

---

①《毛泽东选集》第1卷，人民出版社1991年版，第216页。

个条件：①积极援助红军的人民；②有利作战的阵地；③红军主力的全部集中；④发现敌人的薄弱部分；⑤使敌人疲劳沮丧；⑥使敌人发生过失。在这六个条件中，人民这个条件对于红军是最重要的条件。因为人民这个条件"就是根据地的条件"[①]。有了人民这个条件，第四、第五、第六个条件才容易造成或发现。毛泽东认为，上述条件中至少达到两个，才算是有利于我而不利于敌，才能实施反攻。但是，当下定决心实施反攻时，还必须牢记开战的"三个原则"[②]：第一，必须打胜。敌情、地形、人民等条件都有利于我而不利于敌，确有胜利的把握，才能实施反攻，否则，宁可退让，持重待机。第二，初战的计划必须是全反攻战役计划的有机序幕，必须是达成全战役计划的第一仗。如果开战之仗不利于全战役，反而有害于全战役，这样的仗虽胜犹败。在打第一仗之先，就得判断和谋划第二、第三、第四以至最后一仗大体上是如何打法，每一仗敌我双方将发生什么样的变化。尽管结果不见得乃至绝不会尽如所期，但指挥员必须依据战争全局的变化，把变化的因应之策想明白，做到全局在胸。第三，还要照顾到下一战略阶段。毛泽东提出："战略指导者当其处在一个战略阶段时，应该计算到往后多数阶段，至少也应计算到下一个阶段。尽管往后变化难测，愈远看愈渺茫，然而大体的计算是可能的，估计

[①]《毛泽东选集》第1卷，人民出版社1991年版，第207页。
[②]《毛泽东选集》第1卷，人民出版社1991年版，第222页。

前途的远景是必要的。那种走一步看一步的指导方式，对于政治是不利的，对于战争也是不利的。"①尽管战局千变万化，作战计划必须随之修改，但这不能说明不需要战略计划，相反，"贯通全战略阶段乃至几个战略阶段的、大体上想通了的、一个长时期的方针，是决不可少的"②，否则，我们就会陷入敌人的战略节奏。当反攻的基本条件具备，军事指导上又坚持了上述三条原则，无论是战役反攻还是战略反攻，就有更大的胜利把握。

四、集中绝对优势兵力各个歼灭敌人

战争中对抗的双方，谁能创造出优势，谁就能生存和制胜。古今中外的军事家都懂得，以强胜弱、以多胜少是战争的普遍规律。因为人类历史上，敌强我弱导致战争失败甚至亡国灭种的实属普遍现象，而在这种情势下，局部战争的胜利是有的，但整体上的战略性胜利则实属罕见。正因为有这条规律的存在，军事上弱势的一方每每被强势敌人所吓倒，所击败，因此而畏战怯战避战。

大革命失败后，党和红军内部都有人悲观失望，忧虑"红旗到底打得多久"。第五次反"围剿"失败后，又上演了王

---

① 《毛泽东选集》第1卷，人民出版社1991年版，第221—222页。
② 《毛泽东选集》第1卷，人民出版社1991年版，第222页。

明、张国焘的逃跑主义。更有甚者，日本发动侵华战争后，蒋介石坚持不抵抗政策，这既与他不顾民族大义的政治私心——消灭共产党——有关，也与他认识中日军力对比的错误思想方法论和他从日本、德国那里学习的军事理论有关。到了1934年7月，国民党已经实现了对各路军阀的统一整编，陆军编成187个步兵师，90个独立旅，13个骑兵师，约160万人，其中央军132个步兵师，9个骑兵师，5个炮兵旅。1934年1月国民党对红军根据地发起第五次"围剿"时，就调集了100万兵力。然而，这年7月，蒋介石在庐山军官训练团演讲——《抵御外侮与复兴民族》——时说：中国抵抗日本的条件，"可以很简单很沉痛的答复一句话，一点也没有"[1]。他设问：我们还有什么方法来抵抗敌人，有什么方法可以复兴民族，有什么方法可以使得我们子孙能够生存在我们祖宗五千年遗留下来的这块土地上呢？他明确地回答道："照军事上的观点看来，我们现在真是没有立国的资格，不配称为现代国家，当然抵抗不了日本，当然要给敌人来压迫欺侮。"[2]在他看来，"我们中国没有现代作战的条件，不够和现代国家的军队作战，如果不待时而动，贸然作战，那只有败亡而已，不仅是十天之内，三天之内，他就可以把我们中国所有沿江海的地方都占领起来，无论那一个地方，西边不仅是到重庆，而是可以到成都，南边

---

[1]《蒋委员长庐山训话记》，汉口前进出版社1934年版，第4页。
[2]《蒋委员长庐山训话记》，汉口前进出版社1934年版，第5页。

第六章　制定中国革命战争的正确军事路线

不仅到广东，而且可以到梧州邕宁，他的潜力早已准备充足，而且他的兵舰，早已遍布各地，不仅是沿江沿海的地方，他随时都可以占领，无论那一个地方，都可以占领……"①，所以，"中国在此情形之下，没有一点准备，没有一点国防，如果现在贸然和他开战，岂不是将我们国家徒然断送"②。如果按照蒋介石的这种军事思想，反侵略、反殖民的民族革命战争就不要打了，打也是白白送死，因为侵略者都是绝对的强者；反剥削、反压迫的阶级革命战争更不要打了，打也是自取灭亡，因为统治者是绝对的强者。

以毛泽东为代表的中国共产党人无论是在阶级革命战争问题上还是在民族革命战争问题上，都给出了响亮的回答：打，而且能打赢，打赢的基本军事路线就是：战略上的持久战和战役战斗上的速决战。而保证这条军事路线成功的关键在于：以战役战斗上的以强胜弱来实现战略上的以弱胜强，实现战略与战役战斗反转的核心是集中绝对优势兵力各个歼灭敌人。

毛泽东认为，"处于战略上内线作战的军队，特别是处于被'围剿'环境的红军，蒙受着许多的不利。但我们可以而且完全应该在战役或战斗上，把它改变过来。将敌军对我军的一个大'围剿'，改为我军对敌军的许多各别的小围剿。将敌军

---

① 《蒋委员长庐山训话记》，汉口前进出版社 1934 年版，第 16—17 页。
② 《蒋委员长庐山训话记》，汉口前进出版社 1934 年版，第 19 页。

对我军的战略上的分进合击，改为我军对敌军的战役或战斗上的分进合击。将敌军对我军的战略上的优势，改为我军对敌军的战役或战斗上的优势。将战略上处于强者地位的敌军，使之在战役或战斗上处于弱者的地位。同时，将自己战略上的弱者地位，使之改变为战役上或战斗上的强者的地位。这即是所谓内线作战中的外线作战，'围剿'中的围剿，封锁中的封锁，防御中的进攻，劣势中的优势，弱者中的强者，不利中的有利，被动中的主动"①。实现这一转变的战略和战术，毛泽东形象生动地表述为："我们的战略是'以一当十'，我们的战术是'以十当一'，这是我们制胜敌人的根本法则之一。"②也就是说，以战术上的"以十当一"来实现战略上的"以一当十"。所谓"以十当一"，就是集中绝对优势兵力各个歼灭敌人。毛泽东认为，对于弱势军队来说，在战役战斗上集中绝对优势兵力"是首先的和主要的"③，他甚至认为，"从战略防御中争取胜利，基本上靠了集中兵力的一着"④。当然，"首先的""主要的""基本上"，但不是"唯一的"。至于集中兵力至"优势"的程度，毛泽东常常也称"绝对优势"。所谓"绝对优势"，毛泽东在解放战争时期阐述人民解放军的"十大军事原则"时提出，两倍、三倍、四倍，有时甚至是五倍或六倍

---

① 《毛泽东选集》第1卷，人民出版社1991年版，第224页。
② 《毛泽东选集》第1卷，人民出版社1991年版，第225页。
③ 《毛泽东选集》第1卷，人民出版社1991年版，第223页。
④ 《毛泽东选集》第1卷，人民出版社1991年版，第224页。

第六章　制定中国革命战争的正确军事路线

于敌之兵力。1963 年，毛泽东在听取中印边界东段自卫反击作战情况汇报时，又做了强调和具体阐述，他说："关于集中优势兵力的问题，还是老话，十则围之，五则攻之。如果是围城，就要十倍；如果是野战，就要五倍。在具体的战术动作上就不止了，就要占绝对优势。"①优势，绝对优势，都是敌我力量对比的关系判断，绝不仅仅是个兵力数量问题，在敌我双方武器装备水平大体相当的条件下，兵力数倍于敌就能赢得战场优势，而当武器装备与敌人差距过大，就只能依靠兵力增加来获得力量优势。

集中兵力的目的在于改变局部战场敌强我弱的态势，达到以多胜少、以强胜弱的目的。就其战术而言，其具体目的有三：一是改变进退的形势。过去是敌进我退，现在通过集中兵力优势在我，可以击退敌人，实现我方的推进。二是改变攻守的形势。弱势的红军多是处于"围剿"之中而不能不处于防御地位，始终防御则属于消极防御，只有组织反攻才能由消极防御变为积极防御。反攻虽然在整个战略防御中并没有脱离防御性质，然而无论是作战形式还是作战目的，都发生了质的变化。反攻是防御和进攻的过渡阶段，战略反攻是战略防御和战略进攻的过渡阶段，集中兵力就是为了达到这一目的。三是为了改变内线和外线的形势。只有将我军从内线突围出来进入外

---

①《建国以来毛泽东军事文稿》下，军事科学出版社、中央文献出版社 2010 年版，第 165 页。

线，反过来将敌人置于内线，实施反包围，才能获得进退自由，也才能依靠集中了的优势兵力达到聚歼敌军的目的。集中优势兵力的目的归结起来就是一点——打歼灭战。歼灭战是相对于消耗战而言的，毛泽东明确指出："拼消耗"对于红军是不合适的，因为与敌人拼不起，只有消灭敌人，才能强大红军、弱化敌人，对于战争胜利才有重大作用和影响。"对于人，伤其十指不如断其一指；对于敌，击溃其十个师不如歼灭其一个师。"①

由于分散兵力，红军是吃了不少亏的。毛泽东总结列举了红军由于不集中兵力而吃亏的战例，如1931年1月在江西宁都县东韶地区打谭道源的作战，同年9月在江西兴国县高兴圩地区打十九路军的作战，1932年7月在广东南雄县水口圩地区打陈济棠的作战，还有1933年12月在江西黎川县团村地区打陈诚的作战，都是因为兵力不集中而吃的亏。这是临时中央错误军事路线及其战略战术造成的恶果。1932年的第四次反"围剿"，面对国民党30个师分三路向中央革命根据地的"围剿"，博古、李德等人却提出所谓"全线出击"的口号，要求从根据地的东西南北四面出击。周恩来和朱德顶住压力，根据毛泽东积极防御的战略思想，采取声东击西，集中红军主力，进行大兵团伏击而围歼敌人，取得了消灭敌人3个师的战绩。1933年下半年的第五次反"围剿"，弱小的红军要应战蒋

---

① 《毛泽东选集》第1卷，人民出版社1991年版，第237页。

第六章　制定中国革命战争的正确军事路线

介石的 100 万军队，且天上还有 200 多架飞机，蒋介石采用"三分军事，七分政治"的方针，在长达半年的准备中，于红军的根据地周围修筑了坚固的工事，企图全歼红军。对中央革命根据地，蒋介石调集了 50 万兵力，分多路进犯中央红军。临时中央受王明"左"倾机会主义错误军事路线的影响，在李德等人的主导下，"军事平均主义"发展到了极点，在"不丧失寸土""御敌于国门之外"的口号下，六路分兵，全线抵御，而敌人则采取三里五里一进，十里八里一推的"堡垒主义作战法"[1]，致使红军四面受敌，处处薄弱，虽浴血奋战，仍然是非但未能守住"国门"，最后丢失了全部"国土"，导致红军的大溃败，不得不进行二万五千里长征，从开始时的"拼命主义"又转变为"逃跑主义"。所以毛泽东强调："在有强大敌军存在的条件下，无论自己有多少军队，在一个时间内，主要的使用方向只应有一个，不应有两个。"如果不得不在两个或两个以上方向作战，"主要的方向，在同一个时间内，只应有一个"。[2]

战役战斗上集中优势兵力各个歼灭敌人，是以弱胜强战争指导的精髓。以弱胜强的战争指导规律，是以强胜弱战争一般规律的特殊表现形态。战略上，革命战争是以弱胜强，用毛泽东的话说，就是"以一当十"，而战役战斗上则必须是

---

[1]《毛泽东选集》第 1 卷，人民出版社 1991 年版，第 224—226 页。
[2]《毛泽东选集》第 1 卷，人民出版社 1991 年版，第 225 页。

以强胜弱，通过集中优势兵力歼灭敌人一部。正是通过战役和战斗"一部""一部"地消灭敌人，一口一口地吃掉敌人，在长过程中，经由点点滴滴的量变来实现局部质变向整体质变的转化。当人民军队在总体上强于敌人、优于敌人的时候，也就到了人民军队组织战略反攻、战略进攻、战略决战的时刻了。可见，战略决战的胜利遵循的仍然是战争的一般规律——以强胜弱。

革命战争以弱胜强的特殊战争规律，本质上是军事指导规律。军事的本质属性是政治，战争是政治以特殊方式的继续。因而，没有纯粹的军事，军事总是政治的特殊存在；没有单纯的军事规律，军事规律总与政治规律相联系而存在；没有单纯的军事指导规律，军事指导规律又总是与政治指导规律相联系而产生。共产党的军队之所以能以弱胜强，是以正义战争、革命根据地、人民战争为条件的，没有这些政治条件和社会条件，革命战争是无法取胜的，即使局部战争取胜了，红色政权也不可能在国民党的政治体系、社会体系中存在。习近平总书记在纪念中国人民抗日战争暨世界反法西斯战争胜利70周年系列活动上的讲话中提出，历史所启示的伟大真理是："正义必胜！和平必胜！人民必胜！"正义是人类追求的共同价值，和平是人类的共同愿望，人民是实现正义、和平的决定性力量。正义、和平、全人类利益是人间大道，"得道多助，失道寡助"，这是人类历史中长期起作用的道义规律。阶级革命战争和民族革命战争的彻底胜利，就是以弱胜强的战争指导规律和人类道义规律共同作用的结果。

第六章　制定中国革命战争的正确军事路线

集中绝对优势兵力各个歼灭敌人，其军事要义在于：以歼灭敌人有生力量为主要目标，而不把主要目标放在夺取城市和保守地盘上。确定这一战役战斗的目的对于红军的意义在于两个方面：从长远的战略目标上讲，只有通过一次次战役战斗来消灭敌人有生力量，即战斗人员，才能从兵力上逐渐瓦解敌人，通过量的积累引起质变，使敌人由强势变为弱势；对于红军而言，最直接、最现实、最紧迫的价值在于，红军的人力、物力主要来源于前线，通过集中绝对优势兵力打歼灭战来缴获敌人的武器装备和物资、俘获敌军人员，来全面充实自己。

五、基本的运动战和特殊情形下的阵地战

毛泽东一语道破弱军取胜的关键："弱军对于强军作战的再一个必要条件，就是拣弱的打。"[①]当敌人进攻的时候，在数量上和强度上都超我军甚远，我们还弄不清哪部强、哪部弱，哪部最强、哪部最弱，哪部次强、哪部次弱，在这种情况下，到哪儿选择要打的弱敌呢？毛泽东认为，这就必须通过运动战或游击战发现和制造弱敌。

关于运动战与游击战，虽然都具有游击性，但运动战是游击战的高级形态。红军是在游击战中生存和发展壮大起来的。经过第一、二、三、四次反"围剿"，红军快速发展，作

---

① 《毛泽东选集》第1卷，人民出版社1991年版，第208页。

战的"游击性"不断减少,这是事实。但在党和红军的高层,有人开始蔑视、否定、抛弃游击战,称其"游击主义"。毛泽东则从历史、现实、发展的过程性上提醒全党全军,必须善于认识到游击主义的两面性,辩证地认识和对待它。一方面,游击主义具有非正规性——不集中、不统一、纪律不严、工作方法简单化等。这些东西是红军幼年时代自然带来的,有些在当时还正是需要的,到了红军发展的高级阶段,必须逐渐地自觉地去掉它们,在作战指挥上,逐渐地自觉地减少不必要的游击性。另一方面,游击主义包含着运动战的方针,这是"现在还需要的战略和战役作战的游击性,是无法阻止的根据地的流动性,是根据地建设计划的灵活变更性",是在红军建设上拒斥不合时宜的正规化。①

在基本作战形式上,究竟是采取运动战还是采取阵地战的问题,毛泽东给出斩钉截铁的答案:"我们的答复是:运动战。""阵地战对于我们是基本上无用的","不但防御时基本地不能用它,就是进攻时也同样不能用"②。因而,对于游击主义,我们既要一分为二辩证地看,也要在过去、现在、将来的关系中历史地、发展地看。毛泽东坦率地指出:老老实实承认红军作战的游击性,没有什么值得"怕羞"的,怕羞也是没有用的。相反,必须认识到,"游击性正是我们的特点,正是我

---

① 《毛泽东选集》第 1 卷,人民出版社 1991 年版,第 232 页。
② 《毛泽东选集》第 1 卷,人民出版社 1991 年版,第 228 页。

第六章　制定中国革命战争的正确军事路线

们的长处，正是我们战胜敌人的工具。我们应该准备抛弃游击性，但是今天还不能抛弃。游击性在将来一定是可羞的和必须抛弃的东西，但在今天却是宝贵的和必须坚持的东西"①。

毛泽东在这里谈到的运动战，其特点在于其"运动性"——"大步进退"，"三个没有"。由于大步进退，一是没有固定的作战线，二是没有固定的作战方向，三是没有固定的阵地。这是由敌人的强大和红军的弱小等中国阶级革命战争的特点决定的。毛泽东从作战的目的上给出一个一听就懂、一懂就会用的运动战原则——"打得赢就打，打不赢就走"②。打仗，打仗，不"打"无以言"仗"，因为不打无以消灭敌人。所以毛泽东说："我们的一切战略战役方针都是建立在'打'的一个基本点上。"③但是，军事家都明白，所有的"打"都是为了"赢"。那么，究竟何时打、何时走，何时何地以打为主，何时何地以走为主，都必须服从"保存自己，消灭敌人"的战场目的。在这一目的中，"保存自己"是前提，是条件，"消灭敌人"是结果。如果连自己都不能保存，消灭敌人就成了一句空话。因此，如果明知大军压境已方根本不是敌方的对手，不走只有失败一条路时还不走，那就愚蠢至极了。毛泽东指出四种不好打而只能走的情形：第一，当面的敌人多了，敌众我寡，不好打；第二，当面敌人虽不多，但它和邻近敌人十分密接，

---

① 《毛泽东选集》第 1 卷，人民出版社 1991 年版，第 230 页。
② 《毛泽东选集》第 1 卷，人民出版社 1991 年版，第 230 页。
③ 《毛泽东选集》第 1 卷，人民出版社 1991 年版，第 230 页。

《中国革命战争的战略问题》精学导读

一旦开打,敌人容易获得增援,我则容易被围,这种敌人不能打;第三,一般地说来,凡是既不孤立而又占有十分坚固阵地之敌都不好打;第四,打而不能解决战斗时,不能再继续打,因为打不赢,所以不能拖,否则会造成毫无意义的伤亡或疲惫。一旦出现这四种情况,就要坚持中国古人说的"三十六计,走为上计"。在这里,我们必须认清运动战的"走"与逃跑主义的本质区别。"逃跑主义"是把摆脱敌人"保存自己"作为唯一目的,而没有打算"消灭敌人";而运动战中的"走"是有目的地迂回"运动"敌人,通过"走"把敌人引诱到有利于我的区域,为"消灭敌人"创造机会和条件。因而,"走"是策略,"打"是目的。所以,在运动战所内含的"走"与"打"两种状态、两个环节中,毛泽东强调:一切的"走"都是为着"打"。[1]

作战形式必须服从并服务于作战目的,究竟是采取阵地战还是运动战的作战形式,就看哪种作战形式能够达成"保存自己,消灭敌人"的作战目的。阵地战通常是两军在武器装备等实力上不存在较大差距,防御一方占有地形上的绝对优势的条件下采取的。红军与国民党军队相比实在是太弱小了,无论是兵力数量还是武器装备的先进程度,都不在一个层级上。"没有弹药补充,每一个根据地打来打去仅只有一支红军"[2],如果采

---

[1]《毛泽东选集》第1卷,人民出版社1991年版,第230页。
[2]《毛泽东选集》第1卷,人民出版社1991年版,第228页。

第六章 制定中国革命战争的正确军事路线

取阵地战与敌人硬拼，无疑是以卵击石。正是因为敌人的强大和红军的弱小，必然出现根据地的流动性或"领土的流动性"。毛泽东以悲壮式的理性告诫我们的红军指挥员："不要幻想有进无退的战争，不要震惊于领土和军事后方的暂时的流动，不要企图建立长时期的具体计划。"敌我强弱的巨大反差要求红军思想上、行动上必须适应现实情况，"准备坐下，又准备走路，不要把干粮袋丢掉了"。①

对于运动战的具体战法，毛泽东提出了很多，例如避强打弱、围城打援、佯攻、处在几个敌人之间、超越敌人作战、无后方作战等等。流动性、游击性都不是目的，而是不得不如此而已，今天的流动性是为了将来不流动和最后的稳定。这个"将来"和"最后"是一种什么样的条件和状态呢？毛泽东说："在将来，红军的技术和组织条件改变了，红军建设进到了新阶段，红军的作战方向和作战线的比较固定就出现了；阵地战增加了；战争的流动性、领土和建设的流动性，大大减少了，到最后，也就会消灭了；现在限制着我们的东西，如像优势的敌人及其据守的巩固阵地，就不能限制我们了。"②在红军没有发展到"新阶段"之前，我们一方面要反对复活许多现在不需要的已经过时的红军幼年时代的非正规性，另一方面，我们要坚决地恢复红军一路走来用以打胜仗的许多宝贵的建军原则

---

① 《毛泽东选集》第 1 卷，人民出版社 1991 年版，第 229 页。
② 《毛泽东选集》第 1 卷，人民出版社 1991 年版，第 232—233 页。

和游击战、运动战的战略战术原则，使之"成为有系统的更发展的更丰富的军事路线"，以便更好地战胜敌人，不断推动红军发展到"新阶段"。

　　毛泽东这里谈论的运动战，还不是完全意义上的正规兵团在长战线和大战区的外线的、速决的进攻战，而是还有很强的游击性，在一定意义上，也可以称为游击战，或者是由游击战向运动战转化的形态。毛泽东写作《中国革命战争的战略问题》时，西北红军超过 8 万人，其中红一方面军、军委直属队，加上红军大学的 800 人，总共 2.2 万人；红二方面军 1.1 万人；红四方面军及总司令部直属队 3.8 万人；陕甘宁地方红军 8000 人，陕南红军 2000 人。想以正规兵团的形式在长战线、大战区的外线作战，根本不可能战胜在兵力和武器装备都占绝对优势的国民党军队，只能通过带有强烈游击性质的运动战来调动敌人、分割敌人，制造孤立之敌，集中绝对优势兵力歼灭敌人。南方各省的红军游击队，无疑只能进行游击战。

　　坚持基本的是运动战，是不是绝对排除阵地战呢？毛泽东明确指出，战斗中充满着进攻与防御，无论是进攻还是防御都不能不依托一定的阵地，所以，在"必要和可能"的时候，是可以实行阵地战的，不然也是要吃亏的。在下列两种情况下应当实行阵地战：一是战略防御时，我们担当钳制任务的部队对某些支点的固守，就应当采取阵地战，以一定的兵力和火力吸引和拖住敌人，让敌人欲走不忍，欲进不能，欲逃无路；二是战略进攻时，我们遇到孤立无援之敌，也应该采取阵地战，

第六章　制定中国革命战争的正确军事路线

以更好地保存自己来围歼敌人。当然，我们也应当如实指出，红军在这种情形下实行的阵地战，只能算是有阵地依托的作战形式，不是完全意义上的阵地战或"一般的阵地战"①。完全意义上的阵地战是依托相对稳定的阵地的地形和工事进行防御，或依托阵地而对据守坚固阵地之敌实施进攻，以夺取阵地为作战目的，其主要特点是作战线相对稳定、准备充分、保障比较严密。弱小的红军是无法进行坚固阵地的攻防作战的，甚至必须避开据守坚固阵地之敌。红军在上述情势下的阵地战，也不以夺取阵地为目的，而只是为了消灭敌人来补充自己。

"左"倾机会主义者不懂得运动战的必要性和重要性。在反"围剿"作战中，博古、李德等人一再强调"正规战争"的战略方针，反对流动性，他们要"装作一个大国家的统治者来办事"②。他们根本不懂得，那时共产党在苏区建立的苏维埃共和国，距离一个完全的国家形态还很远，领土还很小，红军的数量和技术较之敌人还差得很远。在这种条件下，我们必须老老实实地承认红军的游击性，灵活机动地实施游击战、运动战。在这一生死存亡的问题上，来不得半点的虚伪和自负。

---

① 《毛泽东选集》第 1 卷，人民出版社 1991 年版，第 231 页。
② 《毛泽东选集》第 1 卷，人民出版社 1991 年版，第 229 页。

六、战略的持久战和战役战斗的速决战

打仗，任何军事家没有不想速决速胜的，因为战争过程越长，代价越大，伤亡越大，也容易劳军困伍。无论是战略还是战术，都是为战争目的服务的，战略上究竟能不能速决，这是敌我双方的力量对比决定的。毛泽东主张，根据红军与国民党军队之间的强弱对比，应当坚持战略的持久战和战役战斗的速决战，而且认为这是一件事的两方面，是"国内战争的两个同时并重的原则"①。

古今中外的军事家指挥战争，无不追求速战速决。可是，毛泽东却认为，"惟独中国的战争不能不以最大的忍耐性对待之，不能不以持久战对待之"②。这主要是由两个原因规定的：第一个原因是敌强我弱。敌人作为战略进攻方，巴不得一天就能消灭中国共产党及其军队，所以，他们当然会采取速决战。反过来说，中国共产党及其军队也希望早点夺取革命胜利，在政治上是进攻的，但在军事上，由于党和红军力量的弱小，面对强大的国民党军队，就不得不避免战略上的速决战，以争夺党和红军成长过程和战争准备时间。拿破仑也认为，"战争的艺术就是在兵力弱于敌人的时候尽量争取时间"③。

---

① 《毛泽东选集》第 1 卷，人民出版社 1991 年版，第 233 页。
② 《毛泽东选集》第 1 卷，人民出版社 1991 年版，第 234 页。
③ 〔法〕拿破仑·波拿巴：《拿破仑论战争》，布鲁诺·科尔森编著，曾珠、郭琳、樊静薇等译，上海社会科学院出版社 2016 年版，第 271 页。

第六章 制定中国革命战争的正确军事路线

第二个原因是"革命势力是逐渐地生长的"①。随着革命进程的延续,共产党员、人民军队在数量和质量上都将快速增加。只有在战略持久战中,才能为党和军队的发展壮大争取时间。

与战略的持久战相反,在战役和战斗上的原则则是速决战。一个基本的现实是,国民党军队部署在全国各地,他们可以从多个方向分多路部队"围剿"红军,而红军只有一支部队,不管我们攻击敌人的中间还是侧翼,如果不能迅速解决战斗,其余部队就会增援过来,所以红军不能不实行速决战。当然,速决战也不是轻易能够成功的。毛泽东深入分析了实行战役和战斗速决战的主要条件。第一,准备充足。与国民党军队相比,红军的武器弹药没有来源,正像《游击队之歌》所唱的,"没有吃,没有穿,自有那敌人送上前;没有枪,没有炮,敌人给我们造"。这就需要做足准备,一旦对进犯之敌进行反击,就必须力争有条件打胜。第二,不失时机。一旦出现孤立之敌,且有利于我而不利于敌的局面,就断然出手,打敌人以措手不及。第三,集中优势兵力。红军本身就十分弱小,切忌四面出击,分散兵力,必须集中绝对优势兵力,形成一个拳头,确保战而胜之。第四,实行包围迂回战术。敌人对红军实行"围剿",敌人处于外线,红军处于内线,打破"围剿"首先要突破包围,通过迂回,调动敌人,分散敌人,对部分陷于孤立之敌实行反包围,以绝对优势兵力聚而歼之。第五,良

---

① 《毛泽东选集》第 1 卷,人民出版社 1991 年版,第 233 页。

好阵地。这里的良好阵地不是指修筑防御工事与敌人打阵地战，而是指要选择有利于红军作战的地形，通过迂回战术，让敌人进入红军的预设阵地，以提高胜算概率。第六，打运动中之敌或驻止而阵地尚不巩固之敌。运动之敌或驻止而阵地尚不巩固之敌，通常都是疲劳之敌，弹药、给养等物资没有得到充分补充，而且没有战壕等进攻或防御工事，一时遭到攻击容易惊慌失措，自乱阵脚。即便是战役战斗上采取速决战，毛泽东仍然要求"反对不正当的急躁性"①。所谓不正当的急躁性，就是在上述六个方面的准备和条件基本不具备的时候实行速决战。为此，毛泽东要求各根据地的最高军事政治机关："估计到根据地的这些条件，估计到敌方情况，不为敌之其势汹汹所吓倒，不为尚能忍耐的困难所沮丧，不为某些挫折而灰心，给予必要的耐心和持久，是完全必要的。"②战役和战斗上的速决战，也不是绝对的，在有些极为特殊的情形下，也要实施相对的持久方针，比如"围城打援"战术，目的不是打围敌，而是打援敌，对围敌作战要准备持久，而对援敌作战则必须速决。再比如，战略防御时固守钳制方面的据点，战略进攻时打孤立无援之敌，消灭根据地中的敌人据点，也常常给予战役或战斗以持久方针。所有这些相对的持久方针，并不妨碍反而是帮助主力红军的速决战。

---

① 《毛泽东选集》第 1 卷，人民出版社 1991 年版，第 235 页。
② 《毛泽东选集》第 1 卷，人民出版社 1991 年版，第 235 页。

第六章　制定中国革命战争的正确军事路线

战略上的持久战主张，在立三路线时期遭到党和红军内部一些人的反对和讥笑，他们认为这种战术无异于"打拳战术"——"打过来打过去才能夺取大城市"；嘲笑这种主张是保守主义——"我们要待头发白了才能看见革命的胜利"[1]。盼望革命早日成功，战争力度大一点，这都是可以理解的。但战争的胜负却不是一厢情愿的，更不以人的意志为转移。战争作为一种暴力，用克劳塞维茨的话说，"战争是一种暴力行为，旨在强迫我们的敌人服从我们的意志"[2]。以暴制暴是敌我双方角力的主要方式。克敌制胜必须有实力，对于弱势一方的红军来说，更要讲究战略战术，其中目的之一就是给自己以发展壮大的时间和过程，不然，局部的胜利是可能的，要想彻底取得革命胜利是绝无指望的。

战略上的持久战，为处于弱势地位的人民军队赢得了发展壮大的时间，战役战斗上的速决战，使处于局部绝对优势的人民军队通过歼灭敌人来削弱敌人，补充自己。通过战役战斗的量变在长过程中积累为质变，实现敌我力量对比的历史性反转，敌人由优势退变为劣势，我军由劣势发展为优势。历史充分证明了这一点。从1927年人民军队创建到1933年第五次反"围剿"之前的6年间，红军发展到30万人，经过第五次反"围剿"的惨败和湘江之战，红军只剩下大约3万人。到第二

---

[1]《毛泽东选集》第1卷，人民出版社1991年版，第234页。
[2]〔德〕卡尔·冯·克劳塞维茨：《战争论》上，时殷弘译，商务印书馆2016年版，第101页。

次国共合作时，八路军和新四军加起来只有 5.63 万人，经过八年的全面抗战，到 1945 年 4 月党的七大召开时，中国共产党已经成为拥有 121 万党员的大党，八路军、新四军总兵力超过 60 万人。解放战争开始时，人民解放军总兵力发展到 127 万人，解放战争进行一年后，增加到 195 万人，其中野战军由 61 万人发展到 100 万人以上，而国民党军队则由战争开始时的 430 万人减少到 373 万人，其中正规军则由 200 万人减少到 150 万人。[①]到 1947 年 7 月，中国革命战争转入了战略进攻阶段，国民党军队被迫进入战略防御。此后的一年多时间，人民解放军在全国战场上，以摧枯拉朽之势扫荡国民党军队，经过辽沈战役、淮海战役、平津战役三场战略决战，歼灭国民党军队 154 万余人，彻底摧毁了国民党赖以维持其反动统治的主要军事力量，为中国革命在全国的胜利扫清了军事障碍。

上述这些内容，既是中国革命战争的战略战术的基本内容，也是中国革命战争的根本性、全局性的方针，构成毛泽东所说的党的中国革命战争的军事路线，规定了中国革命战争制胜的基本方向、基本路径和基本方略。

---

① 中共中央党史研究室：《中国共产党历史》第 1 卷下，中共党史出版社 2002 年版，第 749 页。

第七章 《中国革命战争的战略问题》的理论贡献

《中国革命战争的战略问题》是中国共产党自 1927 年以来领导中国革命战争的经验和教训的系统总结，是中国共产党指导中国革命战争的第一部专门的、系统的理论著作，也是"毛泽东军事思想体系形成的重要标志"[①]。这部著作的思想理论，也成为毛泽东制定中国民族革命战争——中国人民抗日战争——的军事路线的核心理论，其理论影响集中体现在 1938 年 5 月撰写的《抗日游击战争的战略问题》和《论持久战》中。毛泽东的中国革命战争理论，是一个以弱胜强的独特军事科学体系，成为人民军队夺取中国阶级革命战争、民族革命战争和保家卫国战争胜利的理论指南和实践遵循。《中国革命战争的战略问题》在毛泽东军事思想、马克思主义军事思想和人类军事思想史上都占有独特的崇高地位，堪称人类军事思想史光辉的里程碑。

[①] 中共中央文献研究室、金冲及：《毛泽东传（1893—1949）》，中央文献出版社 2004 年版，第 459 页。

一、人类军事思想史上独一无二的以弱胜强的战争指导论

恩格斯曾经提出："无产阶级的解放在军事上同样也将有特殊的表现，并且将创造出一种独特的、新的作战方法。"因为，从根本上说，"新的军事科学只能是新的社会关系的必然产物"。[①]毛泽东军事思想就是中国无产阶级和广大劳动人民翻身解放的军事科学和作战方法，它是中国化的马克思主义军事理论形态。与人类历史上的其他军事思想体系相比，毛泽东指导中国革命战争中形成的军事思想体系，是一个独一无二的以弱胜强的战争指导理论。正是这一特质，决定了它在人类军事思想史上的崇高地位。

第一，毛泽东以弱胜强的军事理论，是以唯物史观为基础的正义战争理论。

唯物史观是军事观变革的理论基础。许多高明的军事家往往是战术上要求从敌我双方的情势出发，但在政略和战略上，几乎难以超拔唯心史观。就连克劳塞维茨也是如此，他认为，"天才所为是最好的规则，理论能做的莫过于表明怎样和为何应当如此"[②]。但他同时指出："才能和天才行事于规则

[①]《马克思恩格斯文集》第 2 卷，人民出版社 2009 年版，第 332—333 页。
[②]〔德〕卡尔·冯·克劳塞维茨：《战争论》上，时殷弘译，商务印书馆 2016 年版，第 186 页。

第七章 《中国革命战争的战略问题》的理论贡献

之外，理论有悖于实践。"①只有唯物史观才能从根本上否定唯心主义的战争观和军事指导上的天才论。唯物史观是马克思主义军事理论与一切剥削阶级的军事理论的根本区别的哲学基础，正义必胜，和平必胜，人民必胜，是历史启示的基本规律和马克思主义的基本信念。1885年，恩格斯在为马克思的《路易·波拿巴的雾月十八日》第三版所写的序言中指出："正是马克思最先发现了重大的历史运动规律。根据这个规律，一切历史上的斗争，无论是在政治、宗教、哲学的领域中进行的，还是在其他意识形态领域中进行的，实际上只是或多或少明显地表现了各社会阶级的斗争，而这些阶级的存在以及它们之间的冲突，又为它们的经济状况的发展程度、它们的生产的性质和方式以及由生产所决定的交换的性质和方式所制约。这个规律对于历史，同能量转化定律对于自然科学具有同样的意义。"②在毛泽东看来，正是唯物史观这一"无产阶级的宇宙观"，给了中国的先进知识分子"观察国家命运的工具"③。这个理论工具的核心是阶级分析方法和阶级斗争。毛泽东直截了当地指出："拿这个观点解释历史的就叫做历史的唯物主义，站在这个观点的反面的是历史的唯心主义。"④

---

① 〔德〕卡尔·冯·克劳塞维茨：《战争论》上，时殷弘译，商务印书馆2016年版，第192页。
② 《马克思恩格斯文集》第2卷，人民出版社2009年版，第469页。
③ 《毛泽东选集》第4卷，人民出版社1991年版，第1471页。
④ 《毛泽东选集》第4卷，人民出版社1991年版，第1487页。

《中国革命战争的战略问题》精学导读

毛泽东通过运用唯物史观的阶级分析方法，彻底拨开了认识中国社会关系的思想迷雾。毛泽东首先弄清了阶级革命的首要问题——"谁是我们的敌人？谁是我们的朋友？"①，为制定正确的政治路线奠定了基础；认清了开展阶级革命的基本方式——阶级斗争——的必然性和历史合理性。马克思主义的阶级分析方法和阶级斗争理论，使共产党人找到了社会变革的生力军——人民群众，在无产阶级革命时代，这是以无产阶级及其同盟军农民为革命主体的人民大众。对唯物史观的信仰使毛泽东坚信："人民，只有人民，才是创造世界历史的动力。"②

唯物史观的阶级分析方法、阶级斗争理论和人民群众创造历史理论，成为毛泽东形成战争的正义性和非正义性、正义战争和非正义战争的科学认识的理论基础。毛泽东坚持了"军事是政治的继续"这一资产阶级军事家提出、马克思主义也认可的军事本质论，但他并没有止步于此，而是进一步提出，战争所要解决的政治问题是阶级和阶级、民族和民族、国家和国家、政治集团和政治集团之间的矛盾；而且，战争是解决这类矛盾的"最高斗争形式"，即有组织的暴力。哪里有剥削，哪里就有斗争，哪里有压迫，哪里就有反抗，反剥削、反压迫的阶级革命战争，反侵略、反殖民、反扩张的民族革命战争，都是人类实现社会公平和历史进步的特殊形式，因此都是正义战

---

①《毛泽东选集》第1卷，人民出版社1991年版，第3页。
②《毛泽东选集》第3卷，人民出版社1991年版，第1031页。

第七章 《中国革命战争的战略问题》的理论贡献

争，反之，那些实现、维护、扩大剥削、压迫、侵略、扩张的战争，都是非正义战争。共产党人支持正义战争，反对非正义战争。共产党人进行战争，不是为了由被压迫者变为压迫者，不是由被侵略者变为侵略者，相反，共产党人是"战争的消灭论者"，共产党人进行战争是为了消灭剥削和压迫、侵略和扩张，实现社会公正和人类正义，彻底铲除战争产生的根源，最终实现世界的永久和平。

毛泽东表达了马克思主义者对正义必胜、和平必胜、人民必胜这一历史所启示的"伟大真理"[①]的坚定信念："捣乱，失败，再捣乱，再失败，直至灭亡——这就是帝国主义和世界上一切反动派对待人民事业的逻辑"；"斗争，失败，再斗争，再失败，再斗争，直至胜利——这就是人民的逻辑"[②]。

第二，毛泽东以弱胜强军事理论的核心是人民战争理论。

红军是弱小的，但人民强大。人民是历史的创造者，历史的创造者同时成为历史进步成果的享有者，是历史应有的公正。然而，自从阶级存在以来，劳动者就处于经济上受剥削因而政治上受压迫的地位。毫无疑义，谁代表人民利益，谁就代表着社会公正，谁帮助人民实现利益，谁就代表着历史进步，谁就站在人类道德的制高点上。唯物史观同时认为，"从来就

[①]《习近平谈治国理政》第2卷，外文出版社2017年版，第447页。
[②]《毛泽东选集》第4卷，人民出版社1991年版，第1486—1487页。

《中国革命战争的战略问题》精学导读

没有救世主",即使为了人民,还必须依靠人民,任何政党和政治领袖,离开人民都将一事无成。一切历史伟业无不是依靠人民来完成的,但无产阶级政党依靠人民则达到了历史自觉形态。在战争问题上,毛泽东鲜明地指出,"兵民是胜利之本"。[1]1934 年,面对国民党实行的堡垒政策,弱小的红军面临生存威胁,毛泽东斩钉截铁地回答:"真正的铜墙铁壁是什么?是群众,是千百万真心实意地拥护革命的群众。"[2]历史运行的机理既然如此,他据此强调,我们的部队要和人民打成一片,"与人民利益适合的东西,我们要坚持下去,与人民利益矛盾的东西,我们要努力改掉,这样我们就能无敌于天下"[3]。因而,夺取中国革命战争的胜利,既要建设一支人民军队,同时必须实行人民战争。革命根据地是实行人民战争的物质基础、社会条件和政治条件。根据地狭小,但国家疆域广大,有了人民的支持,"东方不亮西方亮,黑了南方有北方"。由于中国政治经济发展不平衡,在国民党统治薄弱的地区,就能开辟革命根据地,建立工农政权。依靠根据地人民的支援和有利地形条件,发现和制造敌人的弱点,极大地弥补了兵力不足的先天缺陷,使战争局部的敌我力量对比有利于我、不利于敌,从而才能寻找战机歼灭敌人。

---

[1]《毛泽东选集》第 2 卷,人民出版社 1991 年版,第 509 页。
[2]《毛泽东选集》第 1 卷,人民出版社 1991 年版,第 139 页。
[3] 中共中央党史和文献研究院:《毛泽东年谱》第 2 卷,中央文献出版社 2023 年版,第 548 页。

第七章 《中国革命战争的战略问题》的理论贡献

毛泽东的人民战争理论，具有十分丰富的确定内涵。首先是为了人民的战争。共产党人没有自己的特殊利益，全心全意为人民服务是党的根本宗旨，人民的利益就是共产党人一切活动的出发点和落脚点。在北伐战争中，中国共产党与有志并从事于国民革命的一切爱国力量一起，为铲除勾结外国势力、压迫人民的军阀出生入死；土地革命战争中，中国共产党领导中国工农红军和中国人民反对国民党蒋介石集团的反动统治，废除封建土地制度，建立工农民主政权，为解放中国最广大的"农业无产阶级"①而抛头颅洒热血；抗日战争时期，中国共产党最先举起抗日旗帜，团结中华民族一切爱国力量，促进抗日民族统一战线的建立，为驱逐日本侵略者、实现中华民族的独立解放殊死抗争……。其次是依靠人民的战争。共产党及其军队，来自人民、植根人民、依靠人民，人民是军队的兵力来源、衣食父母和社会靠山。从 1937 年到 1947 年的 11 年间，共产党从几万党员发展到 270 万党员，领导了 1 亿以上人民的解放区，人民军队也从几万人发展到 200 万人。②抗日战争结束后，蒋介石集团仗着自己有 400 多万军力，有从日军那里接收的 100 万人的全部装备，拥有 3 亿多人口的统治区，并控制着全国的大城市，悍然撕毁国共两党签订的停战协定③和政协

---

① 《马克思恩格斯文集》第 2 卷，人民出版社 2009 年版，第 211 页。
② 《毛泽东选集》第 4 卷，人民出版社 1991 年版，第 1252 页。
③ 1946 年 1 月 10 日，国共两党正式签订停战协定。

协议①，大规模围攻解放区，誓言 3 个月至 6 个月彻底消灭人民解放军。让蒋介石做梦都没有想到的是，通过解放战争的三大战役，他的主力部队就被基本消灭。人民军队在相当长的历史时期内虽然兵力始终处于弱势，但背后却是广大的人民。仅三大战役支前民工累计就达到 880 余万人次，人民群众提供的支前车辆 141 万辆，担架 36 万余副，牲畜 260 余万头，粮食 4.25 亿公斤，这是何等巨大的战争力量！以至华东野战军司令员陈毅深情地说："淮海战役的胜利，是人民群众用小车推出来的。"②依靠人民进行战争与通过战争解放人民、实现人民根本利益成为一体化过程，这是任何一个剥削阶级的军队都无法做到的，正如马克思所指出的，"旧社会还能创造的最高英雄伟绩不过是民族战争"，一旦阶级斗争爆发为内战，"阶级的统治再也不能拿民族的军服来掩盖了"。③最后是实行人民战争的战略战术。这个问题我们放在下面单独论述。

第三，毛泽东以弱胜强军事理论的关键是战略上"以一当十"，战术上"以十当一"的战略战术思想。

战略战术是一切军事思想的实践落点和末端环节，全部

---

① 1946 年 1 月 10 日—30 日，由国民党、共产党、民主同盟、无党派人士、青年党代表参加的政治协商会议在重庆召开，会议通过五项协议，限制了国民党一党专政、独裁内战的政策。（参见中共中央党史研究室：《中国共产党历史大事记（1921 年 7 月-2011 年 6 月）》，人民出版社 2011 年版，第 53 页。）

② 中共中央党史研究室：《中国共产党历史》第 1 卷下，中共党史出版社 2011 年版，第 794 页。

③《马克思恩格斯文集》第 3 卷，人民出版社 2009 年版，第 179 页。

第七章 《中国革命战争的战略问题》的理论贡献

的军事思想都要在这一环节中发挥作用并接受检验。井冈山时期，毛泽东将红军游击战的战略战术概括为四句话，这就是：敌进我退，敌驻我扰，敌疲我打，敌退我追。遵义会议后，逐渐形成了更为深刻系统的战略战术，《中国革命战争的战略问题》对阶级革命战争的战略战术集中概括为战略上"以一当十"，战术上"以十当一"①，《论持久战》将民族革命战争的战略方针概括为三句话："防御中的进攻，持久中的速决，内线中的外线"。②到解放战争时期，毛泽东在《目前形势和我们的任务》的报告中又概括出中国人民解放军的"十大军事原则"，这就是：①先打分散和孤立之敌，后打集中和强大之敌。②先取小城市、中等城市和广大乡村，后取大城市。③以歼灭敌人有生力量为主要目标，不以保守或夺取城市和地方为主要目标。保守或夺取城市和地方，是歼灭敌人有生力量的结果，往往需要反复多次才能最后地保守或夺取之。④每战集中绝对优势兵力（两倍、三倍、四倍，有时甚至是五倍或六倍于敌之兵力），四面包围敌人，力求全歼，不使漏网。在特殊情况下，则采用给敌以歼灭性打击的方法，即集中全力打敌正面及其一翼或两翼，求达歼灭其一部、击溃其另一部的目的，以便我军能够迅速转移兵力歼击他部敌军。力求避免打那种得不偿失的或得失相当的消耗战。这样，在全体上，我们是劣势

---

① 《毛泽东选集》第1卷，人民出版社1991年版，第225页。
② 《毛泽东选集》第2卷，人民出版社1991年版，第484页。

《中国革命战争的战略问题》精学导读

（就数量来说），但在每一个局部上，在每一个具体战役上，我们是绝对的优势，这就保证了战役的胜利。随着时间的推移，我们就将在全体上转变为优势，直到歼灭一切敌人。⑤不打无准备之仗，不打无把握之仗，每战都应力求有准备，力求在敌我条件对比下有胜利的把握。⑥发扬勇敢战斗、不怕牺牲、不怕疲劳和连续作战（即在短期内不休息地接连打几仗）的作风。⑦力求在运动中歼灭敌人。同时，注重阵地攻击战术，夺取敌人的据点和城市。⑧在攻城问题上，一切敌人守备薄弱的据点和城市，坚决夺取之。一切敌人有中等程度的守备，而环境又许可加以夺取的据点和城市，相机夺取之。一切敌人守备强固的据点和城市，则等候条件成熟时夺取之。⑨以俘获敌人的全部武器和大部人员，补充自己。我军人力物力的来源，主要在前线。⑩善于利用两个战役之间的间隙，休息和整训部队。休整的时间，一般地不要过长，尽可能不使敌人获得喘息的时间。①毛泽东如实指出，"十大军事原则，也不是新的，仅仅把它概括出来是新的"。②他十分自信地强调，十大军事原则"就是人民解放军打败蒋介石的主要的方法"③。俗话说，大道至简。毛泽东后来对外国友人说："打仗的办法就有两条，你打你的，我打我的。什么军事道理，简单地说就这么两句话。""我打我的，又有两句话，打得赢就打，打不赢就

---

①《毛泽东选集》第4卷，人民出版社1991年版，第1247—1248页。
②《毛泽东文集》第4卷，人民出版社1996年版，第334页。
③《毛泽东选集》第4卷，人民出版社1991年版，第1248页。

第七章　《中国革命战争的战略问题》的理论贡献

走。"①"走"的初级目的是不被打败，不被消灭，"走"的高级目的是创造打赢的战机，确保消灭敌人。这就是以弱胜强战争指导思想的精髓。

二、人类军事学术史上的超常军事智慧

从军事学术史角度看，《中国革命战争的战略问题》在战争观、军队建设和战略战术等基本军事理论上，都作出了重大创新，是马克思主义军事思想和人类军事思想史上的重要里程碑，占有极为显要的历史地位。

（一）具体深刻的战争规律论

毛泽东不仅认为战争有规律，而且把战争规律区分为逐级深入具体的三个层次，提出了战争规律与战争指导规律的区别与联系，论证了以"战争规律是发展的"为认识论前提的军事指导论。

马克思主义之前的许多军事家，包括克劳塞维茨、若米尼等军事理论家在内，不承认战争规律，只承认作战原则、原理。克劳塞维茨认为，交战中的"每一方都运用或然律形成一种关于他的对手可能采取什么方针的估计，并且据此行

---

①《建国以来毛泽东军事文稿》下，军事科学出版社、中央文献出版社2010年版，第302—303页。

动"①，这就决定了"在所有各种人类活动中间，战争最像打牌赌博"②。因此，"战争严格地说既不是一门艺术，也不是一门科学"③，只能说相比之下，"战争艺术"的称谓比"战争科学"更合适。显然，在克劳塞维茨看来，战争只存在或然律、偶然性和不确定性，根本不存在必然律、规律性和确定性。既然如此，他的皇皇巨著《战争论》不厌其烦地论证的军事"原理"和作战"规则"又有何用呢？他认为，军事理论提供的"只是符合理性的科学法则"，"甚至这些原理和规则，也是意在给一个思考者提供一个参考框架，以利他被训练去实施的行动，而不是用作一个指南，在行动那刻精确地规定他必须采取的路径"④。与克劳塞维茨略有不同，若米尼认为，"战争是一门艺术，而非科学。战略绝不是简单地服从教条式的科学规律"。也就是说，"战争规律""军事规律"⑤不同于科学规律，所以军事科学实质上就是"战争艺术"，他把自己在《战争艺术概论》讲述的战略战术指导原则称为"可用作战争

---

① 〔德〕卡尔·冯·克劳塞维茨：《战争论》上，时殷弘译，商务印书馆2016年版，第109页。
② 〔德〕卡尔·冯·克劳塞维茨：《战争论》上，时殷弘译，商务印书馆2016年版，第117页。
③ 〔德〕卡尔·冯·克劳塞维茨：《战争论》上，时殷弘译，商务印书馆2016年版，第205页。
④ 〔德〕卡尔·冯·克劳塞维茨：《战争论》上，时殷弘译，商务印书馆2016年版，第194页。
⑤ 〔法〕若米尼：《战争艺术概论》，唐恭权译，华中科技大学出版社2023年版，第249页。

第七章 《中国革命战争的战略问题》的理论贡献

的基本规律"①。正因为如此,他才强调"合理的战争规律"或"好规律"②概念。合理与不合理的界线何在呢?在他看来就是"指导性原则"的正确与否。具体说来,战略上的正确的指导性原则是,"只要是能将最大的兵力在适当的时间,投入到适当的地点的规律,就是好规律";在战术上,正确的指导性原则是,"选择最适合达成既定目标的战斗队形"。③可见,若米尼根本没有战争的客观规律概念,他脑子里的"战争规律""军事规律"只是他认为的好的战争指导原则或有效的战争指导艺术,这就是他所说的军事科学的所谓"原理"。他坚信,"军事科学是有原理可循的,想要在战争中立于不败之地就必须遵循这些原理,只有外部环境发生变化时,它才可灵活变通,根据实际情况修改军事行动计划,即使是在进行这类修改时,也要遵守战争艺术原理"④。可见,他们都没有弄清楚"战争规律"与"战争指导规律"的区别与联系。

马克思主义揭示了生产关系的对抗性矛盾是阶级社会阶级矛盾和阶级斗争的根源,所以"革命是历史的火车头"⑤,

---

① 〔法〕若米尼:《战争艺术概论》,唐恭权译,华中科技大学出版社 2023 年版,第 249 页。
② 〔法〕若米尼:《战争艺术概论》,唐恭权译,华中科技大学出版社 2023 年版,第 251 页。
③ 〔法〕若米尼:《战争艺术概论》,唐恭权译,华中科技大学出版社 2023 年版,第 251 页。
④ 〔法〕若米尼:《战争艺术概论》,唐恭权译,华中科技大学出版社 2023 年版,第 6 页。
⑤ 《马克思恩格斯文集》第 2 卷,人民出版社 2009 年版,第 161 页。

《中国革命战争的战略问题》精学导读

"暴力是每一个孕育着新社会的旧社会的助产婆"[①],从而为我们研究和判断战争爆发的规律提供了理论遵循。列宁将马克思恩格斯的唯物史观运用于分析帝国主义时代,提出帝国主义是现代战争的策源地的重大判断。毛泽东通过研究中国社会制度根本变革的历史,特别是他所经历的中国共产党的奋斗史,把马克思恩格斯所说的"暴力"进一步强调为"战争",明确指出:"整个世界只有用枪杆子才可能改造。"[②]毛泽东认为,战争不是一般的社会冲突,而是根源于私有制以及由此决定的阶级对立的结果,是阶级和阶级、民族和民族、国家和国家、政治集团和政治集团之间解决矛盾的最高斗争形式。战争过程虽然充满着偶然性,但其偶然性始终是受内部隐蔽着的规律支配的,即偶然性中的必然性。

毛泽东将战争规律区分为三个层次,即一般战争的规律、革命战争的规律和中国革命战争的规律,中国革命战争的规律又分为中国阶级革命战争规律和中国民族革命战争规律。于是也存在相应的各种战争指导规律。敌我军事对抗的产生及其过程中存在的必然性是战争规律,用认识到的战争规律指导自己的战争制胜行动,其中的基本原则、基本方略、基本方法构成战争指导规律,前者是客观规律,后者是主观对客观规律的应用。二者的内在关联机制是:"熟识敌我双方各方面的情

---

① 《马克思恩格斯全集》第23卷,人民出版社1972年版,第819页。
② 《毛泽东选集》第2卷,人民出版社1991年版,第547页。

第七章 《中国革命战争的战略问题》的理论贡献

况，找出其行动的规律，并且应用这些规律于自己的行动。"①毛泽东特别指出，"战争规律是发展的"。客观规律何以会发展呢？我们知道，所谓规律，就是条件与结果之间的内在的、本质的、必然的联系。不同的战争条件，就会有不同的战争规律，战争条件发生了变化，战争规律必然发生变化。与此相适应，"战争情况的不同，决定着不同的战争指导规律，有时间、地域和性质的差别"②。这就要求战争研究者和战争指导者，"研究在各个不同历史阶段、各个不同性质、不同地域和民族的战争的指导规律，应该着眼其特点和着眼其发展，反对战争问题上的机械论"③。

只有承认战争规律，才能承认战争指导规律，军事理论才能制定有用的"原理""原则"，否则，西方军事家所说的"战争艺术"就成了军事天才的"打牌"或"赌博"。

（二）全面系统的军队建设论

军队是进行战争的主体力量，建设好军队是打赢战争的先决条件。西方的军事理论，大多集中在研究战略战术上，谈到军队建设，多是在战争对军人、军队的要求上，提出一些一般性设想，如军人的荣誉感、好胜心、勇气、胆量、意志和部

---

① 《毛泽东选集》第1卷，人民出版社1991年版，第178页。
② 《毛泽东选集》第1卷，人民出版社1991年版，第173页。
③ 《毛泽东选集》第1卷，人民出版社1991年版，第173页。

队精神、军队的武德、士气、纪律等。①毛泽东的人民军队建设思想，着眼于中国这样一个农民大国的实际，从政治制度、战争性质、使命任务高度上，回答了建设一支什么样的军队、怎样建设军队的重大问题，在马克思主义军事思想和整个人类军事思想史上，都占有独特地位。

马克思恩格斯论述了无产阶级武装的重要性，但没有形成无产阶级军队建设的系统理论。通过研究资本主义经济关系的对抗性以及无产阶级在资本主义社会中受剥削、受压迫的社会地位，马克思提出工人阶级自我武装成近卫军的重要性。马克思主张，"工人阶级必须在战场上赢得自身解放的权利"②。因此，"工人应该武装起来和组织起来"，"组成由他们自己选出的指挥官指挥的独立军团，或者组成无产阶级近卫军的支队"。③恩格斯曾设想，无产阶级革命胜利后不需要建立常备军，只要有平时从事社会工作，战时就能打仗的"国民军"即可。经过 1871 年巴黎公社失败的惨痛教训，恩格斯认识到无产阶级走上社会主义道路后还存在进行"各种各样的自卫战争"的可能性。④马克思通过总结巴黎公社的经验和教

---

① 〔法〕拿破仑·波拿巴：《拿破仑论战争》，布鲁诺·科尔森编著，曾珠、郭琳、樊静薇等译，上海社会科学院出版社 2016 年版，第三篇第二至第六章；〔德〕卡尔·冯·克劳塞维茨：《战争论》，时殷弘译，商务印书馆 2016 年版，第三篇第三至第七章；〔法〕若米尼：《战争艺术概论》，唐恭权译，华中科技大学出版社 2016 年版，第 43-47 页。

② 《马克思恩格斯文集》第 3 卷，人民出版社 2009 年版，第 619 页。

③ 《马克思恩格斯文集》第 2 卷，人民出版社 2009 年版，第 195 页。

④ 《马克思恩格斯文集》第 10 卷，人民出版社 2009 年版，第 481 页。

第七章 《中国革命战争的战略问题》的理论贡献

训,认识到无产阶级军队不仅在夺取政权中至关重要,而且在巩固政权中也不可或缺。他明确提出,无产阶级在实行"把一切劳动资料转交给从事生产的劳动者,从而消灭现存的压迫条件"以前,"必须先建立无产阶级专政,其首要条件就是无产阶级的大军"①。马克思所说的"无产阶级的大军"不是常备军,而是他称赞的巴黎公社的做法——"废除常备军而代之以武装的人民",即"由工人组成的国民自卫军"。②马克思和恩格斯也曾设想"把整个无产阶级用步枪、马枪、大炮和弹药武装起来"③,即武装起来的无产阶级。

列宁领导的十月革命主要是依靠城市工人和起义的旧军队夺取政权的,也就是说,十月革命前布尔什维克没有自己的正规军,十月革命胜利后,帝国主义国家联合发动了对苏维埃俄国的大规模武装干涉,无产阶级政权岌岌可危,列宁认识到捍卫新生苏维埃政权,俄共必须抛弃小资产阶级幻想,"武装无产阶级",建立强大的"无产阶级革命军队"。④列宁在马克思主义军队建设史上的重大贡献,是开创性地在军队中设置政治委员和党支部,向军队灌输无产阶级思想和党的政治主张,从而使党能够在思想上、政治上、组织上实现对军队的领导。

毛泽东的人民军队建设思想是在长期的、艰苦的革命战

---

① 《马克思恩格斯文集》第 3 卷,人民出版社 2009 年版,第 619 页。
② 《马克思恩格斯文集》第 3 卷,人民出版社 2009 年版,第 154 页。
③ 《马克思恩格斯文集》第 2 卷,人民出版社 2009 年版,第 195 页。
④ 《列宁选集》第 3 卷,人民出版社 1995 年版,第 742 页。

争实践中形成和完善的，其重大贡献在于：他解决了一个没有合法性地位的革命党，如何把一支以农民为主要成分的军队建设成为无产阶级的新型军队，成为"执行革命的政治任务的武装集团"①。如前所知，从北伐战争开始，中国共产党就没有想过建立自己的军队，只是企图通过在国民革命军中开展政治工作来"使军队革命化"。后来，党的总书记陈独秀意识到，"只限于做政治工作，我们就不会取得任何成果"，必须"改变军队的社会关系"，即改变国民革命军的"社会成分"，"大大加强用无产阶级分子来补充军队的工作"②。他相信，"如果大多数工农加入军队，军队就会实现革命化"③。大革命失败后，中国共产党武装反抗国民党，靠的是党争取到的国民革命军和工农武装，不仅军队人员成分复杂，而且与列宁所处的政治、社会条件也完全不同，党没有合法地位、军队没有合法地位，一个人参加共产党或共产党的军队，政治上随时冒着杀头危险，物质没有保障，全靠打土豪获得，武器装备也完全靠从敌人那里缴获。毛泽东坚持政治建军原则，紧紧扭住三个关系：首先是在军队与党的关系上，毛泽东不容置疑地指出："我们的原则是党指挥枪，而决不容许枪指挥党。"④为此，党从军队初创时就设立党代表，成立党的前敌委员会，领导军

---

① 《毛泽东选集》第1卷，人民出版社1991年版，第86页。
② 《陈独秀文集》第4卷，人民出版社2013年版，第93、95—96页。
③ 《陈独秀文集》第4卷，人民出版社2013年版，第96页。
④ 《毛泽东选集》第2卷，人民出版社1991年版，第547页。

第七章 《中国革命战争的战略问题》的理论贡献

队建设和战争。通过三湾改编，毛泽东在红四军建立各级党组织，特别是把支部建在连上。通过党的各级组织，用党的理论武装军队、教育官兵、指导战争，用党的理想塑造军魂，让革命军人超越个人利益、超越生死去为中国人民的解放和世界的和平发展而奋斗，使官兵摆脱个人阶级出身的局限性、狭隘性，而成为政治上超凡脱俗的革命战士，他们以党的信仰为信仰、以党的理想为理想、以党的指令为法令，为党领导的中国革命浴血奋战。其次是在军队与人民的关系上，坚持军队来自人民、服务人民、与人民打成一片。在长期的革命战争年代，军队与人民生死相依、荣辱与共，结成了特殊的"军民鱼水情"，军队成为"人民子弟兵"。最后是在军队内部关系上，彻底废除旧式军队的雇佣制，实行官兵一致，建立军内民主制度，形成"三大纪律""八项注意"的基本军规，"使士兵感觉不是为他人打仗，而是为自己为人民打仗"[①]。所有这一切，使这支军队成为完全不同于其他一切剥削阶级军队的新型无产阶级军队，正是这支军队，为了党的革命理想，出生入死，前赴后继，从胜利走向更大的胜利。

（三）完全彻底的人民战争论

1849 年，恩格斯在评论意大利的皮蒙特王国反抗奥地利的诺瓦拉会战和维吉瓦诺会战失败的教训时，提出了"人民战

[①]《毛泽东选集》第 1 卷，人民出版社 1991 年版，第 63 页。

争""人民的战争"①概念。19世纪中叶的意大利,受到法国和奥地利等欧洲强国的殖民压迫而四分五裂。说到意大利民族的苦难与反抗,恩格斯写道:"意大利人的失败使人们感到悲痛。除波兰人外,任何一个民族都不曾遭受自己强邻这样的凌辱和压迫,任何一个民族都不曾作过这么多果敢的努力来摆脱他们身上的枷锁。但是,每一次这个不幸的民族都被迫屈服于自己的压迫者。一切努力、全部斗争的唯一结果,就是新的失败!"②一个根本的历史启示是:"一个想争取自身独立的民族,不应该仅限于用一般的作战方法。群众起义,革命战争,到处组织游击队——这才是小民族制胜大民族,不够强大的军队抵抗比较强大和组织良好的军队的唯一方法。"③这些方法,恩格斯称为是不同于"普通战争"的"真正的革命战争"或"人民战争"的方法④。

毛泽东的人民战争思想,是与革命根据地思想密不可分的。为了解放人民的战争,才能开辟革命根据地,使军队与人民形成鱼水关系。所以毛泽东强调,"人民这个条件,对于红军是最重要的条件。这就是根据地的条件"⑤。开辟革命根据地又是与土地革命相联系的。马克思在《论土地国有化》一文

---

① 《马克思恩格斯全集》第6卷,人民出版社1961年版,第463、466页。
② 《马克思恩格斯全集》第6卷,人民出版社1961年版,第460页。
③ 《马克思恩格斯全集》第6卷,人民出版社1961年版,第461页。
④ 《马克思恩格斯全集》第6卷,人民出版社1961年版,第463、466页。
⑤ 《毛泽东选集》第1卷,人民出版社1991年版,第207页。

第七章 《中国革命战争的战略问题》的理论贡献

中指出，地产，是"一切财富的原始源泉"，是社会革命和新社会建设的"一个大问题"，"工人阶级的未来将取决于这个问题的解决"①。在 1868 年国际工人协会布鲁塞尔代表大会关于土地所有权的报告中提出："科学已判决小土地私有制必定灭亡，正义则判决大土地所有制必定灭亡。"②马克思认为，土地国有化是生产方式合理化和社会公正的历史必然。但在当时的中国，先让"耕者有其田"是解放农民的第一步。中国共产党通过土地革命，让人民成为生产资料的主人，由此成为社会的主人，根据地自然成为人民军队的可靠的巩固的后方。毛泽东在解放战争时指出："如果我们能够普遍地彻底地解决土地问题，我们就获得了足以战胜一切敌人的最基本的条件。"③因此，人民战争是全民性与阶级性的统一，在阶级革命战争中，人民战争的阶级性占主导地位，全民性次之；在民族革命战争中，人民战争的全民性占主导地位，阶级性次之；在保家卫国战争中，由于国家政权已经成为人民政权，这时的人民战争越来越体现为纯粹的全民性。这是马克思主义军事思想史上对人民战争作出的最系统最深刻的论述。

学术界还有一种较为普遍的观点，认为若米尼在《兵法概论》中第一次提出"人民战争"概念。唐恭权先生在翻译若米尼自认为"我对战争最高思辨的最后见解"的《战争艺术概

---

① 《马克思恩格斯文集》第 3 卷，人民出版社 2009 年版，第 230 页。
② 转引自《马克思恩格斯文集》第 3 卷，人民出版社 2009 年版，第 232 页。
③ 《毛泽东选集》第 4 卷，人民出版社 1991 年版，第 1252 页。

论》时，将这一概念译为"人民（民族）战争"，我猜测，译者对若米尼的所谓"人民战争"概念是有所保留的。若米尼提出，"全民参加的或是大多数国民参加的为了捍卫自己独立的战争，才能称为人民战争"①。在论述当中，若米尼使用的是"民族战争""全民战""全民战争"，显然，译者很可能认为译作"民族战争"更为合适。笔者认为，译为"人民战争""民族战争"都不合适，最好译为"民众战争"。也有学者认为克劳塞维茨在《战争论》中也表达过"人民战争"思想。《战争论》第六篇第 26 章"武装的人民"中提出"人民战争"②概念，但他的"人民战争"只是表明，"在欧洲各文明部分，以大众起义为手段进行战争是个 19 世纪现象"③，在战争中，不能只使用正规军，还应该使用民兵和地方志愿军，"全国作武装抵抗"，特别要使用穷人投入战争，因为，"惯于艰苦紧张劳作和贫困的穷人一般更有活力和更好战"④。他们的这些所谓的"人民战争"只是徒有虚名，一切剥削阶级及其军队是不可能从事真正的人民战争的，他们对人民的武装、"大众起

---

① 〔法〕若米尼：《战争艺术概论》，唐恭权译，华中科技大学出版社 2023 年版，第 16 页。
② 〔德〕卡尔·冯·克劳塞维茨：《战争论》下，时殷弘译，商务印书馆 2016 年版，第 687 页。
③ 〔德〕卡尔·冯·克劳塞维茨：《战争论》下，时殷弘译，商务印书馆 2016 年版，第 687 页。
④ 〔德〕卡尔·冯·克劳塞维茨：《战争论》下，时殷弘译，商务印书馆 2016 年版，第 689 页。

第七章 《中国革命战争的战略问题》的理论贡献

义"怀着十分矛盾的心态。①毛泽东曾经说过,共产党的军队实行的战略战术,国民党军队是心知肚明的,他们研究共产党的军事书籍和文件,将这些书籍和文件下发给他们的将校军官们,并将这些战略战术讲授给他们的军校学员,企图找出对付共产党军队的办法,但他们无可奈何。毛泽东自豪地说:"这是因为我们的战略战术是建立在人民战争这个基础上的,任何反人民的军队都不能利用我们的战略战术。"②

(四)以弱胜强的战略战术论

人类战争史上,从来没有任何一场战争像中国共产党领导的阶级革命战争这样敌我之间军事实力如此悬殊、过程如此艰辛而漫长。毛泽东的战略战术理论就是在与强敌作战的漫长过程中逐步形成并不断丰富发展的。毛泽东面对的棘手问题是:面对数倍、数十倍兵力于我,且武器装备远远强于我的敌人,是放弃革命而选择投降主义路线以求苟且偷生,还是与强敌拼个鱼死网破以表达革命者的"宁为玉碎,不为瓦全"?毛泽东以深厚的马克思主义唯物辩证法修养,在看似"两难选择"中探求出一套对立统一的以弱胜强的制胜思想——战略上藐视敌人,战术上重视敌人。在这一思想的指导下,制定了一

---

① 〔德〕卡尔·冯·克劳塞维茨:《战争论》下,时殷弘译,商务印书馆2016年版,第687页。
② 《毛泽东选集》第4卷,人民出版社1991年版,第1248页。

条以弱胜强的独特军事路线：战略上的防御战，战役战斗上的进攻战；战略上的持久战，战役战斗上的速决战。其兵力运用思想的精髓在于：战略上"以一当十"，战术上"以十当一"。①何以能做到"以一当十"呢？毛泽东在人类军事史上提出了一个似乎让兵家难以启齿的游击战、运动战原则——"打得赢就打，打不赢就走"。全部问题的焦点在于：如何能够保证"打得赢"？毛泽东的作战原则就是一个——"以十当一"，即集中绝对优势兵力各个歼灭敌人。问题是，红军在相当长的历史时期内就那么点兵力，而国民党军队数倍、数十倍于红军，何来"以十当一"的战机呢？毛泽东兵法的高人之处就在于：通过"走"与"诱"——运动战和诱敌深入，运动敌人，迷惑敌人，让集中之敌分散，让冒进之敌"落单"，及时瞄准孤立之敌，抓住"可打"战机，遂以绝对优势兵力各个歼灭敌人。

在人类战争史上，战役、战斗中以弱胜强的战例并非罕见，在人类军事思想史上，对处于弱势一方的战术提出一些有价值作战原则的学者也大有人在，但对于在军事、经济、政治、科技等综合战争力量上全面处于劣势的条件下如何能够以弱胜强，没有一个军事家、军事理论家提出过像毛泽东这样一套完整的战争指导理论。若米尼曾经提出过三条"战争的基本原理"：一是运用计谋，逐次将军队投入战争区的要点，在保证自己交通线安全的条件下，使其尽力靠近敌人的交通线。二

---

① 《毛泽东选集》第 1 卷，人民出版社 1991 年版，第 225 页。

第七章 《中国革命战争的战略问题》的理论贡献

是进行机动，使这些军队面对分散的敌人作战。三是交战时运用战术机动，将主力集中在战场的决定点上，或者是敌人展开的要点上。[1]若米尼还提出过弱势一方的作战原则，这就是"攻击敌军的一翼，而不是敌军中央"[2]。他还提出，"任何敢于进攻的一方，总是基于某种优势发起进攻，总是竭力速战速决，相反，防御的一方，则应该尽量拖延战争结束的时间，以耗尽敌人的精力和资源"[3]。马汉从总体上提出过"以弱胜强"的命题，他认为，"战争的艺术性在于变劣为优或缩短差距"[4]。如何转变呢？他认为，这可以归结为一条更大的原理："无论双方实力如何，都必须在关键点上占据优势。"[5]他所说的"关键点"，就是若米尼的"战略点"或"战略决定点"。他认为，"优势方一般会主动挑战弱势方，以便将其一举拿下。而弱势方首先要做的就是与优势方拉开距离，使其无法威胁自己，从而分散其兵力；然后再将对方引到一个对自己有利的位置。只要坚守一段时间，直至战争的天平倾向于己方

---

[1]〔法〕若米尼：《战争艺术概论》，唐恭权译，华中科技大学出版社2016年版，第55页。
[2]〔法〕若米尼：《战争艺术概论》，唐恭权译，华中科技大学出版社2016年版，第99页。
[3]〔法〕若米尼：《战争艺术概论》，唐恭权译，华中科技大学出版社2016年版，第58页。
[4]〔美〕艾·塞·马汉：《海军战略：美国海军少将的传世之作》，刘霞译，文化发展出版社2017年版，第92页。
[5]〔美〕艾·塞·马汉：《海军战略：美国海军少将的传世之作》，刘霞译，文化发展出版社2017年版，第92页。

后，就能产生以弱胜强的效果"①。他还提出"用进攻协助总防御计划""防御的最终目的是攻击敌人的弱点""若敌人的兵力部署非常专业，那么防御方就应该诱惑敌人改变部署方案，将兵力分散"②。马汉提出了弱势一方面对强势一方进攻时不能正面硬拼而应当与敌"拉开距离"、设法分散敌人兵力、引导对方进入对我方有利的位置、等待战争的天平倾向于己方等等，与克劳塞维茨、若米尼的上述想法一样，都是很有价值的。但是，毫无疑问，他们所谓战争的基本原理，都还局限在战役战斗层面的战术上。《中国革命战争的战略问题》问世五年后，英国军事理论家李德·哈特受到巨大启发，撰写并出版了《战略论：间接路线》（*The Strategy of Indirect Approach*）一书，系统地论述了"间接路线战略"，他也因此被西方奉为"军事理论教皇"。李德·哈特深受《孙子兵法》和毛泽东军事思想的影响，他的"间接路线战略"理论是所有西方军事理论与毛泽东兵法最为接近的。哈特的这一战略思想的原则是"有限目的的战略"③和"针刺"④方法。具体战斗方法，一是运动，一是奇袭。通过运动，绕开敌人作战线的正面，走实力上

---

① 〔美〕艾·塞·马汉：《海军战略：美国海军少将的传世之作》，刘霞译，文化发展出版社 2017 年版，第 91 页。
② 〔美〕艾·塞·马汉：《海军战略：美国海军少将的传世之作》，刘霞译，文化发展出版社 2017 年版，第 91 页。
③ 〔英〕李德·哈特：《战略论：间接路线》，钮先钟译，上海人民出版社 2010 年版，第 276 页。
④ 〔英〕李德·哈特：《战略论：间接路线》，钮先钟译，上海人民出版社 2010 年版，第 277 页。

第七章 《中国革命战争的战略问题》的理论贡献

"抵抗力最少的路线"或心理上"期待性最少的路线"[1]，以扰乱敌人的部署，隔开敌人的兵力，阻挠敌人的补给，威胁其后路。他认为，"使敌人丧失平衡，自乱步骤，才是战略的真正目标，其结果不是敌人自动崩溃，就是在会战中轻易被击溃"[2]。他的这一理论名之曰"战略"，可以称为战役战斗上避强就弱、以强击弱的战术，算不上战略上以弱胜强的战略战术的一体化理论体系，因为以弱胜强的战略必须与战略上的持久战、战役战斗上的速决战相联系，而这一思想恰恰是哈特所缺少的。

若米尼曾经极富创见地把防御区分为积极防御和消极防御，他把积极防御理解为"同时也要实施突然进攻的防御"[3]，并主张"一支军队只有遭到失败，或敌人占据绝对性优势时，才可实行消极防御"。如何防御呢？他提出，"消极防御的军队，可以利用地形，凭借天然的和人工的障碍，尽力扭转劣势，加强一切力量"[4]。但毛泽东否认任何情况下的消极防御，并把战略上的防御战与战役战斗中的进攻战统一于积极防御之中，这恰恰是他高人一筹之处。持久战、速决战，都有人论述

---

[1]〔英〕李德·哈特：《战略论：间接路线》，钮先钟译，上海人民出版社2010年版，第282页。
[2]〔英〕李德·哈特：《战略论：间接路线》，钮先钟译，上海人民出版社2010年版，第281页。
[3]〔法〕若米尼：《战争艺术概论》，唐恭权译，华中科技大学出版社2023年版，第57页。
[4]〔法〕若米尼：《战争艺术概论》，唐恭权译，华中科技大学出版社2023年版，第58页。

过，毛泽东的贡献在于将战略上的持久战和战役战斗上的速决战统一起来，以此谋求敌强我弱的战略性反转。游击战、运动战、阵地战，研究者也屡见不鲜，但是，毛泽东对这些作战方式在不同性质的战争及战争的不同阶段的地位及其与其他作战形式的相互关系，都做了深入详尽的论述，这是史无前例的。

总的看来，克劳塞维茨、若米尼、马汉，包括后来的哈特等军事理论家，都没有提出过总体上处于劣势甚至是绝对劣势的一方，如何战胜优势一方的全面系统的军事指导理论。以强胜弱是战争的一般规律，因而是战争的常态，也是战争制胜的常理，唯有以弱胜强是战争指导的非常态，表现出军事斗争的超常智慧。在毛泽东这里，以弱胜强成了中国革命战争的基本指导规律，成为一般战争规律在革命战争中的特殊表现形态。正是这一"特殊"，彰显了毛泽东战争指导理论过人的思想高度、理论高度和实践高度。

三、指导打赢三类战争的军事科学

毛泽东的中国革命战争指导理论，不是书斋式的逻辑建构，而是中国共产党及其军队在生死存亡的政治和军队磨难中生存、发展、制胜的实践智慧，不是普通军人或军事将领的作战职业心得，而是一个政党数十年与强大敌人进行政治和军事斗争，从无到有、由弱向强，实现改造半殖民地半封建东方大

第七章 《中国革命战争的战略问题》的理论贡献

国的军事科学和社会真理，它在中国阶级革命战争、中国民族革命战争和中国保家卫国战争的胜利实践中得到反复检验。

（一）中国阶级革命战争制胜的科学理论

毛泽东的阶级革命战争理论，在大革命失败后的生存性军事实践中萌发并获得成功。井冈山斗争时期，毛泽东、朱德领导红四军开展游击战争，在极度困难的条件下，打破了国民党军队的多次"会剿"，探索出"和古今中外都不同"的战术。毛泽东代表红四军前委给中央的信中做了这样的概括："我们的战术就是游击的战术。大要说来是：'分兵以发动群众，集中以应付敌人。''敌进我退，敌驻我扰，敌疲我打，敌退我追。''固定区域的割据，用波浪式的推进政策。强敌跟追，用盘旋式的打圈子政策。''很短的时间，很好的方法，发动很大的群众。'"[①]1929年1月，毛泽东、朱德率领红四军主力约3600人离开井冈山根据地，向赣南进军，在沿途无当地党组织、无群众基础的完全陌生的环境中，于1929年的大年初一，在江西瑞金北部的大柏地打了一场伏击战，全歼国民党军队的两个团，俘虏正副团长以下800余人，缴枪800余支，其中水旱机关枪6挺。这是红四军离开井冈山根据地后的第一个大胜仗，陈毅在给中央的报告中称为"红军成立以来最有荣

[①]《毛泽东选集》第1卷，人民出版社1991年版，第104页。

— 177 —

誉之战争"①。这一仗使红四军开始摆脱被动局面,此后,乘胜抵达江西吉安的东固和闽西的长汀,以此为出发点,继井冈山根据地之后,毛泽东、朱德领导红四军又开辟了赣南、闽西革命根据地,为以后的中央革命根据地建设奠定了基础。经过3年艰苦卓绝的军事斗争,"红旗到底打得多久"问题有了初步答案,弱小红军得以生存下来,兵力壮大到10万人,并开辟了10余个革命根据地,建立了红色政权。事实正如毛泽东一年前所判断的,"边界红旗子始终不倒,不但表示了共产党的力量,而且表示了统治阶级的破产,在全国政治上有重大的意义"②。

毛泽东的阶级革命战争理论,在三次反"围剿"中形成并取得巨大成功。红军的发展让国民党政权感到了"红色威胁",极为恐慌,蒋介石控制的南京政府一改过去对红军进行的一省"进剿"或几省"会剿"的局部性军事行动,而由南京政府统一指挥对革命根据地和红军进行全局性的大规模军事"围剿"。从1930年12月到1934年,先后对革命根据地发起五次一次比一次猛烈的"围剿",前三次都被毛泽东、朱德率领的红一方面军所打破。第一次"围剿"调集10万兵力,以国民党江西省主席兼第九路军总指挥鲁涤平为总司令,第十八师师长张辉瓒为前线总指挥,采取"长驱直入,分进合击"的

---

① 中共中央文献研究室、金冲及:《毛泽东传(1893—1949)》,中央文献出版社2004年版,第193页。
②《毛泽东选集》第1卷,人民出版社1991年版,第81页。

第七章 《中国革命战争的战略问题》的理论贡献

作战方针，重点进攻中央革命根据地毛泽东、朱德率领的红一方面军。第二次"围剿"，蒋介石任命军政部长何应钦代行总司令职权兼陆海空军总司令南昌行营主任，调集约 20 万兵力，采取"稳扎稳打、步步为营"的作战方针，部署了从江西吉安到福建建宁东西 800 里的弧形战线，分四路向中央革命根据地合围进逼。7 月又对中央革命根据地和红一方面军发起了第三次"围剿"，蒋介石亲任总司令，调集 23 个师又 3 个旅，共 30 万兵力，并聘请了德、日、英三国的军事顾问，采取"厚集兵力，分路围攻，长驱直入"的作战方针。让蒋介石做梦都难以想到的是，三次"围剿"都被毛泽东、朱德率领的红一方面军所打破，红军共歼敌 7.5 万多人，缴获各种武器 4.46 万件，子弹数百万发，扩大了革命根据地，是中国工农红军成立 3 年来对国民党军队所取得的最重大胜利，对于党和红军意义非凡。

前三次反"围剿"的基本战略战术就是运用游击战、运动战"诱敌深入""避其主力，打其虚弱""集中优势兵力各个击破"。比如第一次反"围剿"，面对国民党 10 万兵力，红一方面军不足 3 万人，仗该如何打？毛泽东、朱德 11 月 1 日发布命令："诱敌深入赤色区域待其疲惫而歼灭之。"随后分左、中、右三路开赴指定地区。12 月 25 日，红一方面军在小布召开反"围剿"军民誓师大会，毛泽东把反"围剿"的作战指导方略写作大会的对联。上联为"敌进我退，敌驻我扰，敌疲我打，敌退我追，游击战里操胜算"；下联为"大步进退，诱敌

《中国革命战争的战略问题》精学导读

深入，集中兵力，各个击破，运动战中歼敌人"。毛泽东分析了敌必败、我必胜的六个条件，明确了战胜敌人的战略战术。第一，我们军民一致，人民积极援助红军，这是最重要条件。第二，我们可以主动选择有利阵地，设下陷阱，把敌人关在里面打。第三，我们可以集中优势兵力，歼灭敌人一部分，一口一口地把敌人吃掉。第四，我们可以察明敌军行动，摸清敌人行动规律，从而发现敌人的薄弱部分，拣弱的打。第五，我们可以把敌人拖得精疲力尽，然后再打。第六，我们可以造成敌人的过失，乘敌之隙，加以打击。①从12月30日到1月3日五天时间，毛泽东、朱德指挥红一方面军两战两捷，全歼敌第18师师部和2个旅，并活捉敌前线总指挥第18师师长张辉瓒，国民党军队的首次大规模军事"围剿"被打破。第二、第三次"围剿"也是这样被打破的。所以毛泽东在《中国革命战争的战略问题》中写道："等到战胜敌人的第三次'围剿'，于是全部红军作战的原则就形成了。"②让人匪夷所思的是，在如此重大的胜利面前，王明、博古等一些留苏的党和军队的重要领导人，迷恋苏联的"中心城市革命论"和大兵团作战的军事思想，攻击毛泽东的革命路线为"上山主义"，看不上毛泽东的游击战术，反对毛泽东的"积极防御战略"。1932年10月的苏区中央局宁都会议上，通过了王明的"积极进攻战

---

① 中共中央党史和文献研究院：《毛泽东年谱》第1卷，中央文献出版社2023年版，第326页。

② 《毛泽东选集》第1卷，人民出版社1991年版，第204页。

第七章 《中国革命战争的战略问题》的理论贡献

略"的"左"倾军事方针,解除了毛泽东在红军的职务。然而,第五次反"围剿"的惨败,使红军由 30 万人减少到 8 万多人,红军被迫长征,丢失了几乎全部根据地,长征后的第一场大战——湘江之战,中央红军再次由 8.6 万人锐减到 3 万余人,原本 1 万多人的红 8 军团几乎全军覆没。严峻的事实从反面证明:中国革命的成功,既不能背离毛泽东开辟的"农村包围城市、武装夺取政权"的中国革命道路,也不能背离毛泽东的中国阶级革命战争的战略战术。3 个月后的遵义会议,否定了博古、李德的错误军事路线,确立了毛泽东的军事路线及其战略战术,毛泽东进入党和红军的最高决策层。中央红军在毛泽东、周恩来、朱德率领下,接着就创造了四渡赤水的战争奇迹,摆脱了几十万敌人围追堵截的包围圈,粉碎了国民党军队围歼红军于川黔滇地区的计划,挽救了红军,挽救了党。

毛泽东的阶级革命战争理论,在解放战争中全面展示威力。抗日战争胜利后,蒋介石仗着他有 430 万军队,还接收了投降日军 100 万人的全部武装,背后又有美国的军事和财政巨大援助,把中国共产党争取和平反对内战的一切努力看作软弱与胆怯的表现,撕毁国共两党的停战协定和各党派政治协商会议的决议,于 1946 年 7 月公然挑起全面内战,叫嚣用 3 个月到 6 个月彻底打败共产党军队。①人民解放军以 127 万人对付国民党如此庞大的军队,贯彻积极防御战略方针,坚持"十大

---

① 《毛泽东选集》第 4 卷,人民出版社 1991 年版,第 1246 页。

军事原则",在第一年度的作战中,就总共歼灭国民党正规军78万人,连同非正规军,共歼敌112万人。①人民解放军在战争中发展壮大,经过两年作战,总兵力发展到280万人,其中正规军(野战军)149万人,武器装备也大为改善,仅重型火炮就有1100余门,一线战场的机动兵力已经优于国民党军队,不仅积累了打大规模运动战的经验,也取得了城市攻坚战的经验。中国共产党领导的南方游击队到1948年秋已经发展到4万多人,并建立起稳固的游击根据地,直接威胁到国民党统治区的后方。解放区面积已经扩展到235万平方公里,人口达1.68亿,约有1亿人口的老解放区完成了土地改革,广大翻身农民的革命和生产积极性空前高涨。②1947年7月至9月间,人民解放军相继由内线转为外线,由战略防御转入战略进攻,与国民党军队开始了战略决战,经过辽沈战役、淮海战役、平津战役,历时142天,歼灭国民党正规军144个师,非正规军29个师,共计154万余人,基本摧毁了国民党维持其反动统治的主要军事力量,奠定了全国胜利的巩固基础。③

---

① 中共中央党史研究室:《中国共产党历史》第1卷下,中共党史出版社2011年版,第733页。
② 中共中央党史研究室:《中国共产党历史》第1卷下,中共党史出版社2011年版,第782页。
③ 中共中央党史研究室:《中国共产党历史》第1卷下,中共党史出版社2011年版,第793页。

（二）中国民族革命战争制胜的核心军事理论

1931年九一八事变后，中国共产党就举起抗日救国的旗帜，但国民党右派奉行"攘外必先安内"的反共政策，中国的民族解放战场在一定意义和程度上被国民党的私利所阻止、搁置或中断，直到国共第二次合作，全民族的抗战才真正开始。抗日民族统一战线建立后，中国共产党实现了政治战略的转变，由阶级革命战争转向民族革命战争。根据全民抗日战争实践，毛泽东于1938年5月到11月，先后写了《抗日游击战争的战略问题》《论持久战》《战争和战略问题》，创建了全面系统的民族革命战争的指导理论。就其核心理论而言，我们完全可以说：《论持久战》是《中国革命战争的战略问题》的民族革命战争版。

民族革命战争理论与阶级革命战争理论在核心内容上的共通性，是由革命战争的普遍规律决定的。中国共产党领导的阶级革命战争和民族革命战争，在军事力量上都是敌强我弱，相比之下，中国阶级革命战争中敌强我弱的差距更大。两类战争军事力量对比的基本情形，决定了两类战争都必须采取以弱胜强的战争指导理论，因此，作为其理论核心的战略方针是一致的，即防御战中的进攻战、持久战中的速决战、内线作战中的外线作战。所以，毛泽东在《中国革命战争的战略问题》中讲到党在中国阶级革命战争中的军事路线的意义时就指出："今后战争的新阶段，我们相信，将使这样的路线，根据新的

《中国革命战争的战略问题》精学导读

环境，更加发展、充实和丰富起来，达到战胜民族敌人之目的。"[①]讲到中国阶级革命战争的基本方针时，他强调："战略的持久战，战役和战斗的速决战，这是一件事的两方面，这是国内战争的两个同时并重的原则，也可以适用于反对帝国主义的战争。"[②]所以，我们可以说，《中国革命战争的战略问题》是中国阶级革命战争的以弱胜强指导论，《论持久战》则是中国民族革命战争的以弱胜强指导论，"以弱胜强"的基本情势决定了二者军事指导基本理论的共通性和一致性。据专家统计，毛泽东一生撰写的军事理论著作、起草的党的军事指导文件、指导战争的电报，还有有关军事问题的重要批示、谈话，有 5000 多件，字数将近 600 万字，毛泽东自己最看重的就是《中国革命战争的战略问题》和《论持久战》，因为这两部军事著作标志着中国共产党把握到了中国革命的规律和中国革命战争的指导规律。[③]

当然，这并不否认毛泽东的中国民族革命战争理论对于中国阶级革命战争理论的发展。从《中国革命战争的战略问题》到《抗日游击战争的战略问题》《论持久战》，民族革命战争指导理论相对于阶级革命战争指导理论，其发展、充实和丰富，概括起来说，主要有以下三个方面。

[①]《毛泽东选集》第 1 卷，人民出版社 1991 年版，第 186 页。
[②]《毛泽东选集》第 1 卷，人民出版社 1991 年版，第 233 页。
[③]《建国以来毛泽东军事文稿》下，军事科学出版社、中央文献出版社 2010 年版，第 135 页。

第七章 《中国革命战争的战略问题》的理论贡献

第一，《中国革命战争的战略问题》，由于阶级革命战争的异常艰难和漫长，毛泽东还没有对战争可能经过的历史阶段进行战略预判或战略规划，到了毛泽东撰写《论持久战》时，则对中国人民伟大的抗日战争可能经历的三个历史阶段，作出了战略预判或战略规划①："第一个阶段，是敌之战略进攻、我之战略防御的时期。第二个阶段，是敌之战略保守、我之准备反攻的时期。第三个阶段，是我之战略反攻、敌之战略退却的时期。"②

第二，对游击战、运动战、阵地战做了更为具体深入的论述，并对各种作战形式在民族革命战争不同阶段中的地位做了全面论述。在《中国革命战争的战略问题》中，毛泽东对比了运动战和阵地战，对运动战与游击战没有进行区分，常常在大体一致的意义上使用，还特意指出运动战、游击战都具有"游击主义"的两个方面，即一方面是它的非正规性，就是不集中、不统一、纪律不严、工作方法简单化；另一方面是运动战的方针，即"打得赢就打，打不赢就走"。③到了《抗日游击战争的战略问题》中，毛泽东专门写了第八章"向运动战发展"。毛泽东指出，由于中国民族革命战争的长期性和残酷性，

---

① 笔者在《〈论持久战〉精学导读》中提出："战争的阶段性又是战略指导者主动规划、努力争取和正确指导的结果。"（何怀远：《〈论持久战〉精学导读》，科学出版社2023年版，第54页。）
②《毛泽东选集》第2卷，人民出版社1991年版，第462页。
③《毛泽东选集》第1卷，人民出版社1991年版，第230页。

"游击战只有向运动战发展才能适应这样的战争"①。毛泽东在《论持久战》中,对运动战有了新的认识,他提出:"运动战,就是正规兵团在长的战线和大的战区上面,从事于战役和战斗上的外线的速决的进攻战的形式。""它的特点是:正规兵团,战役和战斗的优势兵力,进攻性和流动性。"运动战和游击战虽然都具有流动性特点,即"大踏步的前进和后退"②,但进行运动战,一是要求正规的部队、正规兵团,所以游击队发展到正规军才有可能;二是作战方式的正规化,体现为正规兵团在长战线大战区范围内的战役和战斗;三是外线的速决的进攻战。这里的正规化,包括政治、组织、装备、技术、战术、纪律等方面,"逐渐地仿照正规军的规模,减少游击队的作风"③。在此基础上,毛泽东对抗日战争的三个历史性阶段中,游击战、运动战和阵地战的不同地位及其相互关系作出规划。就抗日战争全过程的作战形式来说,主要是运动战,其次就是游击战了。游击战的战略作用有两个方面:一是辅助正规战,一是把自己也变为正规战。在三个阶段中,第一个阶段,运动战是主要的,游击战和阵地战是辅助的;第二个阶段,游击战将上升到主要地位,而以运动战和阵地战辅助之;第三个阶段,运动战再次上升为主要形式,而辅之以阵地战和游击

---

① 《毛泽东选集》第 2 卷,人民出版社 1991 年版,第 432 页。
② 《毛泽东选集》第 2 卷,人民出版社 1991 年版,第 497 页。
③ 《毛泽东选集》第 2 卷,人民出版社 1991 年版,第 434 页。

第七章 《中国革命战争的战略问题》的理论贡献

战。①毛泽东特别指出，第三个阶段的运动战，已经不是全由原来的正规军承担，其中相当重要的一部分则是由原来的游击军从游击战提升到运动战来承担的。对于八路军而言，基本的作战方针是："基本的是游击战，但不放松有利条件下的运动战。"②

第三，对《中国革命战争的战略问题》中没有来得及撰写的战略进攻和政治工作进行了系统阐发。毛泽东在《抗日游击战争的战略问题》第七章第二节，专门论述了游击战争的战略进攻问题。战略进攻的目的是战略决战，如何全面筹划战略决战，是最终决定战争胜负的关键。首先是战略决战的时机，"已将敌之进攻打破，敌之新的进攻尚未到来的时候"。其次是战略决战的任务，"不在于攻击不可必胜的、固守着防御阵地的敌人"，而是要"有计划地在一定地区内消灭和驱逐为游击队力能胜任的小敌和汉奸武装"，如果遭到打击的敌人还在守势之中，我军还可以进一步扩大新占领地区，攻击那些敌人力量薄弱的城市和交通线。最后是战略决战的目的，"有效地发展自己的军事的和民众的力量，有效地缩小敌人的力量，并准备敌人再度向我进攻时又能有计划地和有力地打破之"③。总的说来，战略进攻作为战争过程中的重要阶段，标志着战争进攻方已经取得了足够的军事和政治优势，从而能够主动发起大

---

① 《毛泽东选集》第 2 卷，人民出版社 1991 年版，第 499 页。
② 《毛泽东选集》第 2 卷，人民出版社 1991 年版，第 500 页。
③ 《毛泽东选集》第 2 卷，人民出版社 1991 年版，第 431 页。

规模的军事行动、战役或战斗,以期达到预期的战略目标。《论持久战》还从战争与政治的关系上,对抗日的政治动员做了专门研究。毛泽东鲜明强调了战争的政治属性这一马克思主义的基本观点,认为"战争本身就是政治性质的行为",抗日战争是全民族的革命战争,要取得胜利,必须开展强有力的政治工作。毛泽东一连用了七个"离不开"来强调政治工作对于取得民族革命战争胜利的重要性,这就是:离不开战争的政治目的——驱逐日本帝国主义、建立自由平等的新中国,离不开坚持抗战和坚持统一战线的总方针,离不开全国人民的动员,离不开官兵一致、军民一致和瓦解敌军等项政治原则,离不开统一战线政策的良好执行,离不开文化的动员,离不开争取国际力量和敌国人民援助的努力。一句话,战争一刻也离不了政治。[1]既然如此,"没有普遍和深入的政治动员,是不能胜利的"[2]。一个令人错愕的怪事是,1931年"九一八事变"后的数年时间里,由于蒋介石的"攘外必先安内"的政治路线,国民党先是对日本侵略军采取不抵抗政策,接着又是消极抗日,把绝大多数兵力不是用于抗日,而是用于"剿共",在战火没有烧到的地区,老百姓根本不知道抗日战争这回事,"人民的大多数,是从敌人的炮火和飞机炸弹那里听到消息的"[3]。毛泽东呼吁,必须进行全国的政治动员,把战争的政治动员变成

---

[1]《毛泽东选集》第2卷,人民出版社1991年版,第479页。
[2]《毛泽东选集》第2卷,人民出版社1991年版,第480页。
[3]《毛泽东选集》第2卷,人民出版社1991年版,第480页。

第七章 《中国革命战争的战略问题》的理论贡献

经常的活动。所谓"战争政治动员",首先是把战争的政治目的告诉军队和人民,使每个士兵、每个中国人都明白为什么打仗、打仗与我们自己有什么关系。有了清晰正确的战争认识,才能使全国人民齐心协力进行战争,去战胜不可一世的日本军国主义。毛泽东自信:"动员了全国的老百姓,就造成了陷敌于灭顶之灾的汪洋大海,造成了弥补武器等等缺陷的补救条件,造成了克服一切战争困难的前提。"①

中国的阶级革命战争与民族革命战争始终没能完全截然分开,因为蒋介石始终把消灭共产党放在重要位置上。在中国人民 14 年的抗日战争历史中,前 6 年,国民党军队忙于消灭共产党和红军,抗日民族统一战线建立后,在国共两党的共同努力下,抗日战争很快进入战略相持阶段,国民党顽固派防范、限制、打压共产党的势力再次抬头。1939 年 1 月召开的国民党五届五中全会,确定了"溶共、防共、限共"的反共方针。此后,全国上下反共舆论甚嚣尘上,反共摩擦事件频繁发生,国民党先后发动了三次反共高潮(第一次,1939 年冬至 1940 年春;第二次,1940 年下半年至 1941 年 3 月;第三次,1943 年 3 月至 7 月)。在第二次反共高潮中,国民党于 1940 年 7 月召开五届七中全会,完全置民族利益于不顾,形成了限制、打压共产党及其八路军、新四军的所谓"中央提示案",要求八路军准编 3 个军 6 个师,新四军准编 2 个师,其余部队

---

① 《毛泽东选集》第 2 卷,人民出版社 1991 年版,第 480 页。

一律限期收缩，不准自由成立抗日部队。按照这一规定，此时50万八路军、新四军将被缩编到10万人。最让世人不齿的是国民党顽固派制造了震惊世界的"皖南事变"。1941年1月4日，蒋介石以8万余兵力对开赴抗日根据地的新四军军部及其所属皖南部队9000余人进行拦截和围攻，除2000多人突围外，大部壮烈牺牲和被俘，蒋介石竟然宣布新四军"叛变"，下令取消新四军番号，甚至要对新四军军长叶挺进行"军法审判"。大敌当前，此类勾当实乃天理难容。这就是抗日战争时期共产党及其八路军、新四军的艰难处境，一边抗日，一边还要随时准备应对国民党军队的进攻。历史的真实就是：国内战争同民族战争交织一起，阶级革命战争指导论与民族革命战争指导论一同在发挥作用。《论持久战》成为中国共产党抗日战争的纲领性文献，也成为影响和扭转国民党抗战指导的"战略指导思想"[1]。中国人民抗日战争的胜利，也是中国阶级革命战争理论通过影响中国民族革命战争理论的结果。

中国阶级革命战争指导理论和民族革命战争指导理论，共同构成了完整系统的中国革命战争指导理论，成为中国共产党及其军队打赢阶级革命战争、中国人民打赢民族革命战争的科学指南和战略战术。

---

[1] 程思远：《政坛回忆》，广西人民出版社1986年版，第119页。

第七章 《中国革命战争的战略问题》的理论贡献

（三）新中国保家卫国战争制胜的基本军事理论

朝鲜于 1910 年沦为日本殖民地。第二次世界大战结束时，美军和苏军以北纬 38 度线（即三八线）为界，在朝鲜半岛南北两边分别接受日本投降。1948 年 8 月，朝鲜南方在美国的扶持下成立大韩民国政府，按照西方模式建立资本主义制度，9 月，朝鲜北方在苏联支持下成立朝鲜民主主义人民共和国，成为苏联主导的社会主义阵营的一分子，南北朝鲜正式分裂，资本主义阵营与社会主义阵营的对抗深刻影响着朝鲜南北关系。可见，朝鲜的分裂完全是美苏争夺势力范围的结果，无论是南方政府还是北方政府，都在为实现民族统一而展开斗争，如何实现民族统一完全是朝鲜的内部事务。

1950 年 6 月，朝鲜人民军发动统一战争，南进作战，朝鲜内战爆发。美国政府立即出兵对朝鲜进行军事干涉，并把干涉范围扩大到朝鲜以外的中国地区，美国总统杜鲁门于 6 月 27 日宣布：已下令美海军第七舰队开进中国台湾海峡，以"阻止对台湾的任何进攻"，并正式提出：台湾"未来地位的确定，必须等待太平洋安全的恢复、对日和约的签订或经由联合国的考虑"。[①] 自此，美国政府把侵占台湾作为一项长期政策确定下来。这是对中国领土的武装侵略，是对联合国宪章的公

---

① 陶文钊：《美国对华政策文件集（1949—1972）》第 2 卷上，世界知识出版社 2004 年版，第 44—45 页。转引自中共中央党史研究室：《中国共产党历史》第 2 卷上，中共党史出版社 2011 年版，第 67 页。

然破坏。接着，又借联合国名义组织起以美国军队为主的16个国家军队的所谓"联合国军"，帮助南方韩国军队攻打北方朝鲜军队。9月15日，美军从朝鲜中部西海岸仁川登陆，切断了已经攻入南方的朝鲜人民军的补给线，令朝鲜人民军腹背受敌。10月1日，美国不顾中国政府一再警告，悍然越过三八线，19日占领平壤，并迅速向中朝边境推进，朝鲜民主主义人民共和国危在旦夕。美军帮助朝鲜南方攻打朝鲜北方，这是对朝鲜主权和领土赤裸裸的干涉和侵略。美军机还不断侵入中国领空，进行侦察并对我境内目标实施攻击，中国的安全受到越来越严重的威胁。朝鲜是中国唇齿相依的邻邦，而且美军越过了三八线，进占平壤、元山一线，并分东西两线迅猛向中朝边界推进，战争性质发生了根本变化，美军主导的武力干涉，完全是一种非正义的侵略战争。应朝鲜民主主义人民共和国的请求，中共中央经过反复权衡，作出"抗美援朝，保家卫国"的决策，组建中国人民志愿军，于1950年10月19日赴朝参战。毛泽东1956年9月23日在接见苏共中央代表团时回顾说："美帝国主义如果干涉，不过三八线，我们不管，如果过三八线，我们一定过去打。"[①]

朝鲜战争时期的美国，军事、经济、科技等综合国力全世界无可匹敌。在朝鲜战场上，美军拥有绝对的制海权和制空

---

① 毛泽东接见苏共中央代表团的谈话（1956年9月23日），转引自中共中央党史研究室：《中国共产党历史》第2卷上，中共党史出版社2011年版，第73页。

第七章 《中国革命战争的战略问题》的理论贡献

权，而且拥有原子弹，是世界上曾经向敌对国家使用过原子弹的唯一国家。相比之下，新中国刚刚成立，国民党政权还占据着中国的联合国席位，人民政权还没有完全巩固，一个多世纪的殖民侵略造成的贫穷落后以及战争造成的破坏，百废待兴。人民解放军的武器装备还十分落后，海军、空军处于有名无实的初创阶段，使得抗美援朝战争成为交战双方军事实力极其悬殊状况下的一场现代化战争。毛泽东说："我们的愿望是不要打仗，但你一定要打，就只好让你打。你打你的，我打我的，你打原子弹，我打手榴弹，抓住你的弱点，跟着你打，最后打败你。"[①]抗美援朝战争的胜利再次显示了毛泽东以弱胜强战争指导思想的巨大威力。毛泽东为抗美援朝战争的胜利夙夜在公，呕心沥血，表达出超凡的政治智慧和军事谋略，只是不像中国阶级革命战争和中国民族革命战争那样都曾写下指导专论，毛泽东指导抗美援朝战争的思想理论，大都体现在他给朝鲜、苏联领导人和中国人民志愿军的大量电报之中。

抗美援朝战争分为两个阶段，第一个阶段从 1950 年 10 月 25 日到 1951 年 6 月 10 日，为中国人民志愿军和朝鲜人民军与"联合国军"和韩军的争夺战，主要作战形式为运动战。第二阶段从 1951 年 6 月 11 日到 1953 年 7 月 27 日，为以打促谈阶段，主要作战目的是守住停战线，主要作战形式为阵地战。第一阶段也有两个阶段，前三次战役为一个阶段，后两次

[①]《毛泽东文集》第 6 卷，人民出版社 1999 年版，第 93—94 页。

战役为一个阶段。从第一次战役到第三次战役,中国人民志愿军基本上掌握着战场主动权,不仅重新夺回平壤,而且突破三八线,将战线继续向南推进了 80 至 110 公里,占领了汉城,迫使"联合国军"和韩军后撤至北纬 37 度线附近地区,共歼敌约 7 万人,充分体现了毛泽东以弱胜强战略战术的基本原则。

第一,避强打弱。避强打弱是以弱胜强战争的重要原则,通过先歼灭战斗力相对较弱的部队,逐步削弱能够帮助强势部队担负钳制、阻击、佯动等辅助作战功能的力量,使强军变弱。从 1950 年 10 月 14 日毛泽东给正在苏联访问的周恩来的电报中关于我军入朝参战的意见,到 21 日至 23 日三天时间,毛泽东给志愿军发了 12 封电报,安排志愿军"出国第一仗""第一次战役"的兵力部署,明确强调先打"伪军"(即韩军),军委和志愿军首长都认为"打伪军有把握"[1]。计划以我第 42 军的一个师阻击韩军首都师和第 3 师的增援来路,以第 42 军伏击敌人,集中第 38 军、第 39 军和第 42 军的主力围歼韩军第 6、第 7、第 8 三个师[2],或全歼第 6、第 8 师。结果,冒进的南朝鲜军第 6 师第 2 团的先头部队,进入我志愿军第 40 军第 118 师第 354 团布下的口袋阵,火炮未及架设,连弹药箱都未来得及打开,就悉数被歼,随队的一名美军顾问也

---

[1]《建国以来毛泽东军事文稿》上,军事科学出版社、中央文献出版社 2010 年版,第 257 页。
[2]《建国以来毛泽东军事文稿》上,军事科学出版社、中央文献出版社 2010 年版,第 268、272—274 页。

第七章 《中国革命战争的战略问题》的理论贡献

成了志愿军的俘虏。

第二，通过运动战诱敌深入，穿插迂回，分割、弱化敌人，让敌人进入我预设阵地，实施分割包围，"打孤立据点"①。志愿军总司令彭德怀在1950年12月4日18时给毛泽东等领导的电报中总结第一战役开始以来的经验的第一条就是："在敌我技术装备极端悬殊的情况下，力避在固定阵地作战。要使用长期手段调动敌人，乘其立足未稳，火力未展开时，予以猛攻。"②直到抗美援朝战争的边打边谈阶段，双方战线都稳定在三八线附近时，战场格局的变化要求相应改变作战形式，志愿军这时才以阵地战为主要作战形式，在山腰上挖了许多"壕洞"，既能防守，也能进攻，毛泽东笑称像"北京饭店"一样。③自从"我军采取坚强的阵地作战以来，给予敌人损失的数量"，"远远地超过"此前"在各次运动战中给予敌军的损失数量"。④

第三，集中优势兵力歼灭敌人有生力量。1950年9月20日，毛泽东在修改周恩来发给我国驻朝鲜大使倪志亮并转金日成的电报中提醒金日成："在作战上，必须集中兵力，每一次

---

① 《建国以来毛泽东军事文稿》上，军事科学出版社、中央文献出版社2010年版，第279页。
② 《建国以来毛泽东军事文稿》上，军事科学出版社、中央文献出版社2010年版，第398页。
③ 《建国以来毛泽东军事文稿》中，军事科学出版社、中央文献出版社2010年版，第79页。
④ 《建国以来毛泽东军事文稿》中，军事科学出版社、中央文献出版社2010年版，第75页。

作战以少数兵力及火力分路钳制多数敌人，而以多数兵力（三至五倍）及火力（二倍以上）的绝对优势，围歼被我分割的少数敌人（例如一个团）。作战最忌平分兵力，最忌只能击溃或阻止敌人而不能歼灭敌人有生力量。只要能歼灭敌人有生力量，哪怕每次只歼灭敌人一个团一个营也好，积少成多，就可逐步将敌人削弱下去，而利于长期作战。"[1]抗美援朝战争的前三次战役，都比较好地体现了集中优势兵力原则。第一次战役，由于"联合国军"没有料到中国出兵，快速北进，提前进入志愿军预设阵地。1950年10月25日，我志愿军与敌人先头部队不期而遇。敌人的冒进，给了我军打运动战的机会。彭德怀当机立断，改变原定的防御计划，西线第38军、第39军和第42军125师在温井、云山及熙川以北地区，分别围歼南朝鲜军第6、第8师；以第42军其他各师于黄草岭、赴战岭及其以南地区阻击美军第10军和南朝鲜第1军团，护卫西线主力侧翼；第66军进龟城以西地区，志愿军预备队第50军主力渡江向西海岸的铁山集结，阻击美军第1军第24师、英军第27旅和南朝鲜军第1师增援。10月31日志愿军完成战役展开，并歼灭了南朝鲜军第6师大部和第8师一部。"联合国军"司令麦克阿瑟这时仍认为中国只是象征性出兵，故美军第24师进到泰川、龟城一线，新编入美第1军的美骑兵第1师

---

[1]《建国以来毛泽东军事文稿》上，军事科学出版社、中央文献出版社2010年版，第219—220页。

第七章 《中国革命战争的战略问题》的理论贡献

北上云山,英军第 27 旅进至定州、宣川,南朝鲜军第 1 师负责保障美军右翼安全。志愿军采取侧后迂回、结合正面突击的战法,以第 38 军断敌后路,以第 40、第 39、第 66 军正面对敌。从 1950 年 11 月 1 日晚间 7 点 30 分发起攻击至 7 日,志愿军将"联合国军"从鸭绿江边击退到清川江以南,毙、伤、俘敌 1.5 万余人。抗美援朝第一次战役胜利结束。这次战役,粉碎了"联合国军"在感恩节前占领朝鲜全境的计划,也戳破了"美军不可战胜"的神话,初步稳定了朝鲜战局,为后续作战创造了有利条件。第二、第三次战役,志愿军和朝鲜人民军兵力上仍然占有绝对优势,加上由北向南推进,后勤补给有保障,群众基础好,可谓捷报频传,节节胜利。第三次战役结束后,志愿军部队和朝鲜人民军普遍产生了轻敌速胜的思想。对于敌强我弱的情势,特别是武器装备上的差距有认识但认识仍不到位,预定歼敌目标过大,集中兵力的优势明显不够。从第四次战役开始,战场形势发生了重大变化。一方面,志愿军连续作战极度疲劳,战线快速延长到南方给后勤补给造成了巨大困难;另一方面,"联合国军"集结 23 万兵力,空军掩护,坦克开路,火炮封控,在 200 公里宽的战线上发起全线反攻。中朝军队在如此猛烈的火力中被迫撤离汉城,采取阵地防御、运动防御和战役反击相结合的战法,边打边退,于 1951 年 4 月下旬,制止了敌人的进攻,稳住了战局。第五次战役,双方投入兵力都在百万左右,先后在西线和东线的三八线南北连续争夺 50 天,志愿军和朝鲜人民军仍然将战线稳定在三八线附近地区。第四、第五次战役,中朝军队共歼敌 13.5 万人,其中志愿军毙敌 12 万人,志愿军战斗减员 11.7 万人。然而,美军实行陆海空立体作战,火力极为猛烈,即使我志愿军能够对其实施分割包围,也无法对其实施全歼,想整建制地消灭一个师几乎是不可能的。这两次战役,使志愿军和中共中央、毛泽东对抗美援朝战争的艰苦性、艰巨性和长期性有了更清醒的认识。毛泽东在 1951 年 5 月 26 日给彭德怀的电报中指出:"历次战役证明我军实行战略或战役性的大迂回,一次包围美军几个师,或一个整师,甚至一个整团,都难达到歼灭任务。"为了达到"最后大围歼的目的","似宜每次作战野心不要太大,只要求我军每一个军在一次作战中,歼灭美、英、土军一个整营,至多两个整营,也就够了。现在我第一线有八个军,每个军歼敌一个整营,共有八个整营,这就给敌以很大的打击了"①。

第四,从打"小歼灭战"过渡到打"大歼灭战"。打歼灭战就是为了消灭敌人的有生力量,但是,弱军战胜强军的歼灭战必须从打"小歼灭战"开始,从"小歼灭战"过渡到"大歼灭战"。五次战役后,敌我双方都转入战略防御,战争进入"边打边谈"的阶段,作战形式也由运动战转为灵活的阵地战。在持续两年的停战谈判中,边打边谈,打打谈谈,美国为

---

① 《建国以来毛泽东军事文稿》上,军事科学出版社、中央文献出版社 2010 年版,第 490 页。

第七章 《中国革命战争的战略问题》的理论贡献

了在谈判桌上得到更多的筹码,不惜把全部陆军的 1/3、空军的 1/5 和海军的近半数投入朝鲜战场。① 正是在这时提出了"零敲牛皮糖"的办法,毛泽东指示:胃口不要太大,必须把打韩军与打美英军区别对待,打韩军可以实施战略或战役的大包围,打美英军只能实行战术的小包围,打"小歼灭战",即"每军每次只精心选择敌军一个营或略多一点为对象而全部地包围歼灭之"②。毛泽东特别提醒志愿军首长:"我军入朝以来五次战役,已完成这种小歼灭战的一段路程,但是还不够,还须经过几次战役才能完成小歼灭战的阶段,进到大歼灭战的阶段。"③

长达三年零一个月的朝鲜战争,敌我双方在幅员狭小的半岛上投入兵力最多时达 300 多万,兵力密度、许多战役战斗的火力密度和敌方空中轰炸密度在世界战争史上都是空前的,使参战各方都遭受了重大伤亡和损失。在武器装备存在巨大差距的条件下,朝鲜人民军和中国人民志愿军共毙、伤、俘敌 109 万余人,其中美军 39 万余人。中国人民志愿军在两年零九个月的抗美援朝战争中,共毙、伤、俘敌 71 万余人,自身作战减员 36.6 万余人,其中 19.7 万多名英雄儿女为了祖国、

---

① 中共中央党史研究室:《中国共产党历史》第 2 卷上,中共党史出版社 2011 年版,第 85 页。
② 《建国以来毛泽东军事文稿》上,军事科学出版社、中央文献出版社 2010 年版,第 490 页。
③ 《建国以来毛泽东军事文稿》上,军事科学出版社、中央文献出版社 2010 年版,第 490—491 页。

为了人民、为了和平献出了宝贵生命。美国开支战争经费 400 亿美元，消耗作战物资 7300 余万吨，中国开支战争经费 62.5 亿元，消耗作战物资 560 余万吨。①"联合国军"第三任总司令马克·克拉克在朝鲜战争停战协定签字前曾不无抱怨地说，如果中国人民志愿军有和我们一样的武器装备，这场战争早就结束了。言下之意，如果那样，也轮不着他当这个"没有光荣"的总司令了。美国总统杜鲁门不得不承认，朝鲜战争，美国是"在完全新的情况下，和一个具有强大军事力量的，完全新的强国进行一次完全新的战争"②。这一战，对于新中国具有重大意义。习近平总书记指出："抗美援朝战争伟大胜利，是中国人民站起来后屹立于世界东方的宣言书，是中华民族走向伟大复兴的重要里程碑，对中国和世界都有着重大而深远的意义。""经此一战，中国人民粉碎了侵略者陈兵国门、进而将新中国扼杀在摇篮之中的图谋，可谓'打得一拳开，免得百拳来'，帝国主义再也不敢作出武力进犯新中国的尝试，新中国真正站稳了脚跟。"③

在人类战争思想史上，没有任何一种理论像毛泽东的以弱胜强战争指导理论赢得过异常艰巨、多种类型的战争。也许

---

① 中共中央党史研究室：《中国共产党历史》第 2 卷上，中共党史出版社 2011 年版，第 86 页。

② 〔美〕哈里·杜鲁门：《杜鲁门回忆录》第 2 卷，李石译，生活·读书·新知三联书店 1974 年版，第 469 页。转引自中共中央党史研究室：《中国共产党历史》第 2 卷上，中共党史出版社 2011 年版，第 78 页。

③《习近平著作选读》第 2 卷，人民出版社 2023 年版，第 356—357 页。

第七章 《中国革命战争的战略问题》的理论贡献

正因为如此，英国学者迈克尔·爱略特·巴特曼才敢说，毛泽东是掌握打开这个时代军事奥秘之锁的全套钥匙的一个时代人物。之所以能称得上掌握"全套钥匙"，大概是因为，以弱胜强的战争指导理论，在指导以强胜弱的战争中，也许会更加得心应手吧。

第八章　中国革命战争战略思想的现实意义

法国毛泽东研究专家雅克·纪亚玛认为，"当中国有能力回击世界范围的军事对抗时，中国将'有如天助'（sanctuarized），与美国、苏联达到一样的发展程度，并永久位列超级大国之中。只有在此时，毛泽东那独特的军事天分才会消失在人们的视野中"[①]。笔者认为此言差矣。一种能够在绝对弱势地位战胜强者的战争指导理论，在国家及其军队强大起来或不那么弱势的情况下，将把取胜的"可能性"提升为"必然性"。只要战争不退出人类历史，毛泽东的以弱胜强的战争指导理论就不会从人们的视野中消失。这，正是我们今天仍需重读《中国革命战争的战略问题》这一军事经典的目的与意义之所在。

一、中国革命战争理论的正义战争论，仍然是我们决定军事立场的理论根据

毛泽东根据唯物史观关于社会革命与社会进步的关系理

[①]〔法〕纪亚玛：《作为战士的毛泽东》，载〔美〕迪克·威尔逊：《历史天平上的毛泽东（插图本）》，王伟丽译，中国人民大学出版社2015年版，第113页。

第八章　中国革命战争战略思想的现实意义

论，提出了马克思主义的正义战争论。在《中国革命战争的战略问题》中，毛泽东鲜明指出："历史上的战争，只有正义的和非正义的两类。"他认为，"一切反革命战争都是非正义的，一切革命战争都是正义的"[①]。毛泽东所说的革命战争包括阶级革命战争和民族革命战争。革命战争的正义性根源于两个方面：一方面是它的伦理正当性。马克思主义的剩余价值理论揭示了阶级剥削的秘密。毛泽东指出，阶级压迫是"一个人压迫我们九个人"，那么，"我们九个人不团结起来把他赶走，这是没有道理的"[②]，阶级革命战争的政治目的是反对统治阶级和剥削阶级的经济剥削和政治压迫，实现阶级与阶级之间的经济公平和政治平等，从而实现全面的社会平等，它代表着道义-人心的文明趋向；民族革命战争的政治目的是反对外来国家或外来民族的侵略、殖民、扩张、霸权，实现民族独立和民族之间的政治平等与相互尊重。另一方面是它的历史进步性。阶级革命战争通过推翻旧的国家政权进而改造旧的生产关系，实现生产力的解放，从而推动生产力的发展和社会进步，为人的全面发展创造物质经济条件，因此，阶级革命战争代表着生产力发展和社会进步的基本方向。可见，"人类正义战争的旗帜是拯救人类的旗帜，中国正义战争的旗帜是拯救中国的旗帜"[③]。

坚持正义战争，内在要求致力于维护公正、维护和平、

[①]《毛泽东选集》第1卷，人民出版社1991年版，第174页。
[②]《毛泽东文集》第8卷，人民出版社1999年版，第170页。
[③]《毛泽东选集》第1卷，人民出版社1991年版，第174页。

《中国革命战争的战略问题》精学导读

维护发展。在阶级社会里，战争是阶级压迫和民族压迫的产物，这就是毛泽东所指出的，哪里有压迫，哪里就有反抗。既然剥削者、压迫者、侵略者、扩张者、霸权者把剥削、压迫、战争强加到被压迫人民、被压迫民族的头上，对于后者而言，就只有一条出路，"就是用战争反对战争，用革命战争反对反革命战争，用民族革命战争反对民族反革命战争，用阶级革命战争反对阶级反革命战争"[1]。正义战争是剥削、压迫、侵略、扩张、霸权势力的矫正力量，压迫、剥削、扩张、霸权在先，反抗在后，"只能经过战争去消灭战争，不要枪杆子必须拿起枪杆子"[2]。只有如此，社会才能在公平正义的历史环境中得以发展，社会安定和世界和平才有可靠的社会基础。

在这一马克思主义正义战争论的指导下，中国共产党和中国人民在新中国成立之后，支持一切正义战争，反对一切非正义战争，为维护国家安全和世界和平做出了不懈努力。

新中国成立之初，经历长期战争之苦的中国人民无比渴望和平安宁，中国人民的这一愿望却受到粗暴挑战。面对美军对朝鲜内政的武力干涉和对我国安全的公然挑衅与严重威胁，中国"以正义之师行正义之举"[3]，打了一场抗美援朝、保家卫国的反侵略、反霸权的正义战争。抗美援朝战争的胜利，对于中国，"是中国人民站起来后屹立于世界东方的宣言书，是

---

[1]《毛泽东选集》第1卷，人民出版社1991年版，第174页。
[2]《毛泽东选集》第2卷，人民出版社1991年版，第547页。
[3]《习近平著作选读》第2卷，人民出版社2023年版，第356页。

第八章　中国革命战争战略思想的现实意义

中华民族走向伟大复兴的重要里程碑";对于世界,"第二次世界大战结束后亚洲乃至世界的战略格局得到深刻塑造,全世界被压迫民族和人民争取民族独立和人民解放的正义事业受到极大鼓舞,有力推动了世界和平与人类进步事业"。"这一战,再次证明正义必定战胜强权,和平发展是不可阻挡的历史潮流!"[1]

在亚非拉人民掀起的民族独立和人民解放运动中,中国共产党和中国人民给予坚决的声援和支持。从 20 世纪 50 年代到 70 年代,亚洲、非洲、拉丁美洲国家和地区的领导人、社会活动家和和平人士频繁访问他们心向往之的中国,毛泽东亲切地告诉他们:"我们同时赞成受帝国主义压迫的各国人民,有权利起来反对压迫者。"[2]尽管那个时代中国经济上很困难,但中国共产党和中国人民还是尽一切可能为亚非拉的民族独立和人民解放运动提供有力支持。毛泽东明确表示,"不能因为自己独立了就不管别人了"[3]。他指出,"支持就是声援,给予经济上的帮助,必要时并给予武器援助"[4]。他告诉国际友人,对付帝国主义的战争政策要"两条腿"走路——各国人民对压迫者进行反抗,这是一条腿,而且是一条重要的腿,外交谈判是另一条腿。以这样的两条腿来对付帝国主义的

---

[1]《习近平著作选读》第 2 卷,人民出版社 2023 年版,第 356—357 页。
[2]《毛泽东文集》第 8 卷,人民出版社 1999 年版,第 173 页。
[3]《毛泽东文集》第 8 卷,人民出版社 1999 年版,第 318 页。
[4]《毛泽东文集》第 8 卷,人民出版社 1999 年版,第 336 页。

两条腿——"欺骗"的一条腿和"压迫"的一条腿。只要反压迫的两条腿都硬起来、动起来,世界大战就难以开打了。[①]毛泽东认为,全世界的反殖民主义、反帝国主义的斗争是相互支持的。1960年5月7日,毛泽东在同非洲12个国家和地区的社会活动家、和平人士和工会、青年、学生代表团谈话时坚定地表示,非洲的反殖民主义、反帝国主义的斗争"有世界意义","我们完全同情你们,完全支持你们",你们的斗争"也帮助了我们","分散了敌人的力量,使我们身上的压力减轻了"[②]。

倡导和平共处五项原则,改善和发展同新兴民族独立国家的关系,争取有利于国家建设的国际和平环境。1953年12月,周恩来在同印度代表团举行谈判时就提出和平共处五项原则,即互相尊重主权和领土完整、互不侵犯、互不干涉内政、平等互利、和平共处,经过1955年万隆会议最后确定下来,此后就成为我国处理国与国关系的准则。和平共处五项原则是正义原则,"平等"是前提,"互利"是核心,"无论是人与人之间、政党与政党之间、国与国之间的合作,都必须是互利的,而不能使任何一方受到损害。如果任何一方受到损害,合作就不能维持下去"[③]。1954年7月7日,毛泽东在中共中央政治局扩大会议上指出:"不同制度的国家可以和平共处",我们要把"同一切愿意和平的国家团结合作"作为我国的外交方

[①]《毛泽东文集》第8卷,人民出版社1999年版,第173—174页。
[②]《毛泽东文集》第8卷,人民出版社1999年版,第172—173页。
[③]《毛泽东文集》第6卷,人民出版社1999年版,第364页。

第八章　中国革命战争战略思想的现实意义

针。①毛泽东在 1954 年 10 月同印度总理尼赫鲁的谈话中指出："尽管我们在思想上、社会制度上有不同，但是我们有一个很大的共同点，那就是我们都要对付帝国主义。"②新中国通过参加 1954 年的日内瓦会议，促进实现印度支那停火，签署印度支那和平协议，打开了通过大国协商解决国际争端的道路；通过影响和主导 1955 年亚非会议（即万隆会议），声援、支持亚非国家争取民族主权、结束殖民主义、保卫世界和平的普遍要求，探索了不同思想体系和社会制度的国家之间团结协作的新思路。亚非会议后，形成了继苏联等社会主义国家与新中国的第一次建交高潮后，一大批亚非拉新兴民族独立国家与我国建交的第二次建交高潮，1964 年法国与中国建交，成为第一个与中国建交的西方国家，美西方对新中国的全面封锁不断被打破。正义之声是人类的共同心声，正义事业是人类的共同事业。中国共产党和中国人民支持了亚非拉人民的民族独立和人民解放事业，实现了民族独立和人民解放的亚非拉弱小国家也支持中国共产党和中国人民的正义要求，中国主张超越意识形态分歧发展国家关系，也得到法国等欧洲国家的理解。1971 年 10 月 25 日第 26 届联合国第 1976 次全体会议上，举行恢复中华人民共和国联合国合法席位的提案投票，提案得到世界绝大多数国家的支持。发起提案的 23 个国家都是第三世

---

① 《毛泽东文集》第 6 卷，人民出版社 1999 年版，第 332、334 页。
② 《毛泽东文集》第 6 卷，人民出版社 1999 年版，第 361 页。

《中国革命战争的战略问题》精学导读

界国家，所以毛泽东得知这个消息后感慨地说：主要是第三世界兄弟把我们抬进去的。①

中国从支持亚非拉人民反对殖民主义和帝国主义的正义斗争，到始终与广大发展中国家、全球南方国家站在一起，无论是革命正义、战争正义还是经济正义、发展正义问题，始终都主持公道，伸张正义，坚决反对霸权主义和强权政治，为世界和平与发展作出了重大贡献。说到中非关系，基辛格指出："殖民统治给非洲遗留下了诸多问题，如种族之间的冲突，严重的欠发达、健康保健服务极其落后，从而埋设了爆发冲突的隐患。……在非洲大陆，民主国家面临的挑战是设法帮助非洲参与全球的经济增长，以偿还她们历史上对非洲欠下的债。"②然而它们却没有偿还。相反，"中非双方在反帝反殖的斗争中结下了牢不可破的兄弟情谊，在发展振兴的征程上走出了特色鲜明的合作之路，在纷繁复杂的变局中谱写了守望相助的精彩篇章，为构建新型国际关系树立了光辉典范"。半个多世纪以来，中非关系历久弥坚，关键在于形成了中非合作精神，这就是"真诚友好、平等相待，互利共赢、共同发展，主持公道、捍卫正义，顺应时势、开放包容"。③

---

① 中共中央党史和文献研究院：《毛泽东年谱》第 9 卷，中央文献出版社 2023 年版，第 412 页。
②〔美〕亨利·基辛格：《基辛格：美国的全球战略》(全译修订版)，胡利平、凌建平等译，海南出版社 2012 年版，第 189 页。
③《习近平谈治国理政》第 4 卷，外文出版社 2022 年版，第 445 页。

第八章　中国革命战争战略思想的现实意义

当今世界，存在着严重的治理赤字、信任赤字、和平赤字、发展赤字，归根结底是正义赤字。究其原因，霸权主义和强权政治是所有这些赤字产生的总根源。消除这些赤字，必须旗帜鲜明地反对霸权主义和强权政治。今天的美国，对以联合国为核心的国际体系、以国际法为基础的国际秩序、以《联合国宪章》宗旨和原则为基础的国际关系基本准则肆意破坏，把本国法律凌驾于国际法和《联合国宪章》之上，将本国意志强加于全世界，置美国利益于全人类利益之上，以霸权逻辑强制社会公理，以"双标"亵渎人类正义，给世界制造了无休止的动荡、混乱与战争。

——美西方一直宣称"私有财产不容侵犯"，它们却以俄罗斯对乌克兰发动的特别军事行动为借口，扣押多名俄罗斯富豪在西方国家的房产、飞机、游艇等资产，冻结俄罗斯中央银行的外汇储备，欧盟委员会还提议利用冻结俄罗斯资产产生的收益为乌克兰购买军事装备，让世界见识了美西方财产观上的强盗逻辑。

——美西方一直标榜市场自由，它们却一方面打造"小院高墙"，给本国高科技企业以高额补贴，同时对中国等国家有竞争力的产品进行所谓的反倾销、反补贴调查，到处挥舞关税、经济、金融制裁大棒，让世界真正看清了它们所谓市场自由背后绝对利己主义的本真面目。

——美国对以色列在加沙甚至整个中东地区制造的人道主义灾难不仅听之任之，而且给予军事、政治、经济上的全力支援，让世界再次领教美国毫无原则的"双标"政治。

——美西方发达国家以"碳排放"为"科学借口"限制中国等广大发展中国家发展，而当中国的绿色发展模式获得重大技术突破后，它们却以"产能过剩"等借口来抑制、打压中国的新能源汽车、光伏产品和新能源电池等先进环保技术，让世人不能不怀疑美西方"碳政治"的险恶用心。

——美国政府近年来在台湾问题上一再对中国作出"四不"承诺：坚持一个中国政策，不支持"台湾独立"，不支持"两个中国"，不支持"一中一台"，不寻求把台湾问题作为工具遏制中国。但美国政界高层却不停与台湾进行官方往来，不断加大、升级对台军售，不仅让中国，而且让全世界对美国"说一套，做一套"的虚伪之道看得一清二楚。

如此等等，不一而足。今天，我们还是如此真切地看到毛泽东早就描述的美国："美国做事是不管别人能不能受得了的。"[①]

霸权主义和强权政治的淫威正在搅扰人类的健全理性，扭曲人类的道德良知，破坏国际的正常秩序，亵渎世界的公平正义，对此，国际社会必须旗帜鲜明地揭露霸权主义和强权政治的非正义性，毫不妥协地同美西方的霸权主义与强权政治作斗争，让正义声音成为世界的主旋律。

[①]《毛泽东文集》第 6 卷，人民出版社 1999 年版，第 363 页。

二、中国革命战争理论以弱胜强的战略战术，仍然是我们战胜强大敌人的斗争艺术

毛泽东的中国革命战争指导理论，作为以弱胜强的战略战术，既是战略上对以强胜弱这一战争普遍规律的反转，又是战役战斗上对以强胜弱战争普遍规律的严格遵循。因此，为了战胜强敌，必须在战术上重视敌人，研究、发现和灵活运用以弱胜强的战争指导规律，就能使虽处弱势但却正义的一方取得胜利，并缩短时间、减少曲折、减轻代价。

战场的强与弱是矛盾对立的两极，两极相通，并在特定的条件下向着彼此相反的方向转化。一方的以弱胜强，同时就是对方的以强负弱。无论正义一方还是非正义一方，在战场上都存在胜与败两种可能性，正义一方只是增大了战争胜利的可能性，非正义一方增大了失败的可能性。这两种可能性成为现实性，都必须与战争指导的战略战术相联系，以强负弱者，除了从事的是非正义战争外，军事指导上的战略性失误，不能不是一个十分重要的原因。同理，以弱胜强者，不仅因为进行的是正义战争，而且因为有了正确的战争指导。

毛泽东以弱胜强的战略战术，对于中华民族战胜民族复兴道路上的挑战者具有重要意义。实现中华民族伟大复兴将是一场持久战。[1]中华民族伟大复兴道路上会遭遇各种挑战，但

---

[1] 何怀远：《〈论持久战〉精学导读》，科学出版社2023年版，第200页。

美国无疑是最大的搅局者和挑战者。实事求是地说,长期以来,中国人把美国"想得太好了",把美国视为负责任的大国,认为美国的竞争都是光明正大的良性竞争、合理合法的公平竞争,甚至认为当今世界是"美国治下的和平"。中国人民和中国政府从来就没有主动想过把美国当作敌人,也没有想与美国争个你高我低,更没有想过打败美国,中国只是想做好自己的事情,让中国人民富裕起来,让中华民族得到应有的平等、公正和尊严。关于这一点,美国人其实心知肚明。美国遏制制裁中国的理由都是"欲加之罪",因为在美国人的"丛林哲学"里,任何国家的发展和强大对美国来说就是"原罪",一个强大中国的存在本身在美国政客看来就是罪恶。所以美国把快速发展起来的中国当成敌人,而且是头号敌人,必欲置于死地而后快。2022 年《拜登-哈里斯政府的国家安全战略》判定,相比俄罗斯,中国带来的挑战更加严峻,因为中国"既有重塑国际秩序的意图,又有越来越强大的经济、外交、军事和技术力量来推进这一目标"。既然美国铁了心把中国当成头号敌人,并进行毫无底线的全面围堵和极限施压,中国想躲也躲不过去,认怂只能是死路一条,唯一的出路是勇敢迎战,志在胜战。

首先,在战略上藐视美国,在战术上重视美国。在与美国人长期较量过的毛泽东眼里,"美帝国主义并不可怕,就是

第八章　中国革命战争战略思想的现实意义

那么一回事"[1]。美国军事上很强大，但美国的敌人太多，为了称霸世界，"美国在全世界钉了许多桩子，把它自己的腿也钉在桩子上了"[2]。除了几个盟友，美国几乎与全世界为敌，即使那些盟友，如欧盟、日本、韩国、菲律宾等，也受尽了美国的压迫，它们都具有"倚美"与"反美"潜在的两面性。一旦美国走向衰弱，"倚美"得不偿失时，走向"弃美"甚至"反美"也是必然的。美国近年来的所作所为，特别是发起科技战、贸易战，在俄乌冲突、巴以冲突等问题上的"双标"行为，已经无法继续掩盖其长期包装起来的伪文明，让世界进一步看清了美国文明的虚伪真相。今天，面对美国的挑战，国内外竟然还有人散布"美国是不可战胜的"神话，其实，这一神话早在抗美援朝战争中就被打破了，何况今日之中国！当然，我们在战术上必须重视美国。美国仍然是当今世界唯一的超级大国，它的科技、经济都居于世界前列，它的军事力量更是无人能比，其军事基地遍布世界各地。而且，"美帝国主义者很傲慢，凡是可以不讲理的地方就一定不讲理，要是讲一点理的话，那是被逼得不得已了"[3]。应对美国的挑战，道理要讲，而且向全世界讲，但不要指望讲道理，必须起而应战。应战要

---

[1]《建国以来毛泽东军事文稿》中，军事科学出版社、中央文献出版社2010年版，第175页。
[2]《毛泽东文集》第8卷，人民出版社1999年版，第17页。
[3]《建国以来毛泽东军事文稿》中，军事科学出版社、中央文献出版社2010年版，第174页。

讲究策略，遵循从"小歼灭战"到"大歼灭战"的过程。毛泽东曾形象地比喻道："比如它有十个牙齿，第一次敲掉一个，它还有九个，再敲掉一个，它还有八个。牙齿敲完了，它还有爪子。一步一步地认真做，最后总能成功。"①

其次，必须灵活运用以弱胜强的战略战术。一是"防御中的进攻"。面对美国的进攻，我们必须摆脱"刺激-反应"式的应对方式，坚持"你打你的，我打我的"，瞄准美国的软肋和痛点，比如金融霸权、债台高筑、产业空心化、"双标"等，精心谋划，集中力量，主动出击，打痛美国。二是"持久中的速决"。可以断定，美国全面遏制打压我国的战略意图不会变，因此，中美对抗的上升趋势不会变。针对美国的遏制战略，我们必须在战略上从长计议，持久作战，久久为功。但在战术上，当美国践踏中国的红线时，我们必须说一不二，坚决反击，不达目的，决不罢休。三是"内线中的外线"。美国及其盟友围堵、遏制、打压我们，他们处于外线，我们处于内线。但我们必须也能够变被动为主动。当今世界"你中有我、我中有你"，美国可以对我们"卡脖子"，我们同样也有能够卡住美国"脖子"的地方，在这方面，我们不必羞羞答答，更不可心慈手软。习近平主席一再告诫美国：中美合则两利、斗则俱伤。如果美国不为所动，一味信奉所谓"丛林哲学"，"不见棺材不落泪"，那么到最后见到"棺材"还是会"落泪"的。

---

① 《毛泽东文集》第 7 卷，人民出版社 1999 年版，第 73 页。

当他感到得不偿失、伤筋动骨的时候，还是会冷静下来、理智下来的，不管其愿意与否，都得接受并习惯于中华民族伟大复兴，平等对待中国，与世界各国人民和平相处。

三、中国革命战争理论的人民战争思想，仍然是我们克服一切困难的力量源泉

　　毛泽东中国革命战争指导理论的基础是人民战争理论。实行人民战争，这是中国共产党人初心使命的必然，是马克思主义战争观区别于其他战争观的根本。中国共产党自成立之日起，就将自己的历史使命锚定为"为中国人民谋幸福，为中华民族谋复兴"。中国共产党从事阶级革命战争，说到底就是为了争取人民当家作主的国家权利，让广大劳动人民成为国家的主人，成为生产资料的主人，成为社会的主人。中国共产党从事民族革命战争，就是要实现民族独立、自由、解放，让中国人民拥有和一切民族同等的尊严和权利，让中华民族自立于世界民族之林。一句话，中国共产党的一切奋斗都是为了人民。正是因为中国共产党为了人民，所以能够依靠人民，人民一心一意跟党走，在党的领导下实现翻身解放、创造美好生活。中国阶级革命战争和中国民族革命战争之所以能够取得胜利，根本原因在于得到人民的全力支持。中国阶级革命战争的运动战、游击战得以实行，其根本条件是人民对军队的支持，否

则，军队连藏身之地也没有，更不要说保守部队行动的秘密了。运动战、游击战的潜力在于建立革命根据地，形成军民命运共同体，党组织人民开展土地革命，建立人民政权，形成"国中之国"，党和军队在革命战争中不断发展壮大。在抗日战争中，共产党领导的八路军、新四军开辟抗日根据地，日本占领了我们的大中城市，但广大的农村和小城市仍然在我们的手里，八路军、新四军得以在战争中发展壮大。再者，犬牙交错的战场形态让日本人摸不清前方和后方，星罗棋布的根据地让日占区成为孤岛，使日军的行动始终处于中国人民的监视之中而处处受阻。中国人民还根据各地的特点，创造了麻雀战、地道战、地雷战等"土战法"，令日军头痛不已。毛泽东坚定地说："战争的伟力之最深厚的根源，存在于民众之中。日本敢于欺负我们，主要的原因在于中国民众的无组织状态。克服了这一缺点，就把日本侵略者置于我们数万万站起来了的人民之前，使它像一匹野牛冲入火阵，我们一声唤也要把它吓一大跳，这匹野牛就非烧死不可。"[1]新中国成立后，毛泽东正告美国和一切侵略者："帝国主义侵略者应当懂得：现在中国人民已经组织起来了，是惹不得的。如果惹翻了，是不好办的。"[2]美国学者特里尔说到毛泽东的人民战争思想时认为，"人民战争让中国的军事传统颠覆了。它远不是把战争当作专

---

[1]《毛泽东选集》第2卷，人民出版社1991年版，第511—512页。
[2]《建国以来毛泽东军事文稿》中，军事科学出版社、中央文献出版社2010年版，第175页。

第八章　中国革命战争战略思想的现实意义

门家的深奥技巧来看待，而是把这个任务抛给了普通人民"，"人民战争真的是人民的战争"[1]。

美国前国防部长罗伯特·麦克纳马拉总结美军在越南战争中的经验教训时说："我们没有充分认识到现代化、高科技的军事装备、军队和理论，在与非正规的、被高度激发起来的人民运动的对抗中，其作用是极其有限度的。"[2]对于我们这样一个社会主义国家而言，人民战争始终是我们战胜敌人的力量源泉。习近平主席指出："不论形势如何发展，人民战争这个法宝永远不能丢，但要把握新的时代条件下人民战争的新特点新要求，创新内容和方式方法，充分发挥人民战争的整体威力。"克服中华民族伟大复兴征程中的艰难险阻，特别是战胜美西方对中国的无理、无情、无度的打压，仍然需要坚持人民战争思想。

在国内，第一，必须让全国人民彻底破除对美西方的任何幻想。我们绝不是鼓动人民以狭隘民族主义去仇美，而是破除一切崇美、媚美、畏美、跪美的思想观念，以"平视"的眼光看待美国，从对美西方的各种幻想中醒悟过来，坚持自立自强。第二，必须在各行各业树立"国家意识"和全局意识，举全国之力应对美西方的贸易战、科技战、产业战。贸易战、科技战、产业战的"筑墙""断链"，是美国为了继续维持其世界

---

[1]〔美〕罗斯·特里尔：《毛泽东传》，何宇光、刘加英译，中国人民大学出版社2010年版，第187页。

[2] 转引自李际均：《论战略》，解放军出版社2002年版，第14页。

产业链、价值链、供应链的霸权而做出的损人不利己的短视选择。必要时，我们应当敢于舍小利而求大利、舍近利而求远利，以"不入虎穴，焉得虎子"甚至"我不下地狱，谁下地狱"的精神，对美国的无理制裁进行绝地反击。第三，必须识破并冲破美西方设置的"非市场行为"圈套，激发中国人自己的斗志和才智，创新属于自己的先进技术，彻底摆脱受制于人的局面。工业革命以来的现代化史一再证明习近平总书记对国人的提醒："关键核心技术是要不来、买不来、讨不来的。只有把关键核心技术掌握在自己手中，才能从根本上保障国家经济安全、国防安全和其他安全。"①我们必须在关键共性技术、前沿引领技术、现代工程技术、颠覆性技术上不断突破，"努力实现关键核心技术自主可控，把创新主动权、发展主动权牢牢掌握在自己手中"②。美西方掀起的愈演愈烈的"逆全球化"思潮，再次给"造不如买、买不如租"的主张上了生动的一课。第四，全国各行各业都必须警惕美西方的产业斗争陷阱。美西方国家大都设有专门的竞争政策委员会，当他们通过评估认为能够卡住我们的脖子的时候，他们会千方百计地"卡死"我们，而当他们卡不住的时候，就会对着我们将强未强的产业工程放水决堤，让我们在高科技上的投入再"打水漂"。美西方制造的这类灾难比比皆是，比如，阿根廷、巴西的农业，

---

① 《习近平谈治国理政》第3卷，外文出版社2020年版，第248页。
② 《习近平谈治国理政》第3卷，外文出版社2020年版，第248页。

第八章　中国革命战争战略思想的现实意义

乌克兰的军事工业、日本的货币金融、我国台湾地区的芯片制造业，还有我国的大飞机、光刻机研制等等，我们决不能再踏陷阱。

在国际，第一，我们坚定不移地站在"全球南方"和广大发展中国家一边，致力于推动构建人类命运共同体，弘扬全人类共同价值，实现国际关系民主化，完善全球治理体系，与各国人民一道，携手建设"持久和平、普遍安全、共同繁荣、开放包容、清洁美丽的世界"[①]。第二，我们旗帜鲜明地主张和推动改变不利于广大发展中国家的不合理的国际规则。美国人自己也承认："自1945年以来，美国领导了管理国际贸易和投资、经济政策和技术的制度、规范和标准的制定。这些机制推进了美国的经济和地缘政治目标，并通过塑造政府和经济的互动方式使世界各地的人民受益，并以符合美国利益和价值观的方式这样做。"尽管如此，美国还是认为，目前这些机制"对解决我们现在面临的挑战（从不安全的供应链到扩大的不平等，再到滥用中国的非市场经济行动）具有积极有害的作用"，为此，他们誓言"将建立公平的规则"，以保持其"经济和技术优势"。[②] 1945年以来，美国主导建立的所谓国际规

[①] 习近平：《决胜全面建成小康社会　夺取新时代中国特色社会主义伟大胜利——在中国共产党第十九次全国代表大会上的报告》，人民出版社2017年版，第58—59页。

[②] 参见2022年《拜登-哈里斯政府的国家安全战略》第三部分的"制定道路规则"，http://bjrc.bjqianye.cn/upload/file/20230906/bf0c742cf36f46f5a258864ad1fc4f80.pdf，2025年4月30日。

则，主要是世界银行、国际货币基金组织和世界贸易组织（前身为关税与贸易总协定）及其规则，国际社会早就发出改革这些国际规则的呼声。然而不同的是，美国等发达国家要求改革这些规则，是因为这些规则已经不能完全保持其经济和技术优势，而中国等发展中国家要求改革这些国际规则，是因为这些规则体现的是发达资本主义国家的利益和意识形态，对于广大发展中国家是不公平、歧视性的。第三，以"一带一路"为主要抓手，扎实推进人类命运共同体建设。中国"一带一路"倡议，高举和平发展的旗帜，秉持共商共建共享原则，积极发展与合作伙伴的经济合作关系，共同打造政治互信、经济融合、文化包容的利益共同体、命运共同体和责任共同体，为人类的和平与发展树立了典范。第四，对于那些随美国起舞的狐假虎威、为虎作伥者，当他们枉顾国际规则挑战中国底线时，不妨采取"杀鸡儆猴"的策略，让他们为自己无视国际规则的行动付出应有的代价，以树立中国的大国威严。

经过新中国 70 多年的发展，曾经的"东亚病夫"真正巍然屹立于世界舞台中央，加上科学技术的日新月异、物质生产的快速发展和人们生活格调的不断提升，许多人流连于红尘烟火之中，沉迷于里巷琐故、世俗情趣，无意于时会兴衰、"国之大者"。世界范围内的战事虽然此起彼伏，但不少人似乎总觉得其与大国渐行渐远，于是抽象地否定战争与军事。这无疑是一种浅见。古人早就有言，"国虽大，好战必亡；天下虽安，忘战必危"。即使传统的军事热战仍未及我国，但经济

第八章　中国革命战争战略思想的现实意义

战、贸易战、科技战、文化战、政治战，我国则成为美西方的主要对象，让我们每个人都身临其中。我们必须做好战争与和平两手准备。

经典之为经典，就在于它的思想光芒能够穿透历史而照亮现在。我们今天品读毛泽东《中国革命战争的战略问题》，就是因为它的理论智慧仍如黑夜中的北斗，指导我们辨别方向。